"ධම්මෝ හි වාසෙට්ඨා, සෙට්ඨෝ ජනේතස්මිං
දිට්ඨේ චේව ධම්මේ, අභිසම්පරායේ ච."

වාසෙට්ඨයෙනි, මෙලොවෙහි ත්, පරලොවෙහි ත්
ජනයා අතර ධර්මය ම ශ්‍රේෂ්ඨ වෙයි !

– අග්ගඤ්ඤ සූත්‍රය – භාග්‍යවත් බුදුරජාණන් වහන්සේ

අලුත් දහම් වැඩසටහන - 12

# නුවණින් විමසීම අපතේ නොයයි

පූජ්‍ය කිරිබත්ගොඩ ඤාණානන්ද ස්වාමීන් වහන්සේ

© සියලුම හිමිකම් ඇවිරිණි.

ISBN : 978-955-687-087-9

ප්‍රථම මුද්‍රණය : ශ්‍රී බු.ව. 2560 ක් වූ පොසොන් මස පුන් පොහෝ දින

සම්පාදනය : මහමෙව්නාව භාවනා අසපුව
වඩුවාව, යටිගල්ඔළුව, පොල්ගහවෙල.
දුර : 037 2244602
info@mahamevnawa.lk | www.mahamevnawa.lk

පරිගණක අකුරු සැකසුම, පිටකවර නිර්මාණය සහ ප්‍රකාශනය :
මහාමේඝ ප්‍රකාශකයෝ
වඩුවාව, යටිගල්ඔළුව, පොල්ගහවෙල.
දුර : 037 2053300, 076 8255703
mahameghapublishers@gmail.com

මුද්‍රණය : ලීඩ්ස් ග්‍රැෆික්ස් (පුද්.) සමාගම,
අංක 356 E, පන්නිපිටිය පාර, තලවතුගොඩ.

# නුවණින් විමසීම අපතේ නොයයි

## අලුත් දහම් වැඩසටහන 12

**පූජ්‍ය කිරිබත්ගොඩ ඤාණානන්ද ස්වාමීන් වහන්සේ**
විසින් පොල්ගහවෙල මහමෙව්නාව භාවනා අසපුවේ අලුත් දහම් වැඩසටහනේ දී සිදු කළ ධර්ම දේශනා ඇසුරිනි.

මහාමේඝ
MAHAMEGHA

**ප්‍රකාශනයකි**

# පෙළගැස්ම....

නමෝ තස්ස භගවතෝ අරහතෝ සම්මාසම්බුද්ධස්ස
**ඒ භාග්‍යවත් අර්හත් සම්මා සම්බුදුරජාණන් වහන්සේට නමස්කාර වේවා!**

# 01.
# උදේ වරුවේ ධර්ම දේශනය

## ශ්‍රද්ධාවන්ත පින්වත්නි,

වෙනදා වගේම අදත් අපි මේ සූදානම් වෙන්නේ බුදුරජාණන් වහන්සේගේ ධර්මය ශ්‍රවණය කරන්නයි. බුදුකෙනෙකුගේ ධර්මයක් කෙනෙකුට අහන්ට ලැබෙන්නේ බොහෝම කලාතුරකින්. මේ ධර්මය හැමතැනම හැමෝටම අහන්න ලැබෙන එකක් නෙවෙයි. ඒ කාලේ මේ ධර්මය ශ්‍රවණය කරපු අය බොහෝම වේගයෙන් මේ ධර්මය අවබෝධ කළා. එහෙම වේගයෙන් අවබෝධ කරන්න පුළුවන් වුනේ ඒ අය පෙර ආත්ම වල මේ විදිහට දිගින් දිගට ධර්මය අහලා ධර්මය මෙනෙහි කරලා ධර්මය පුරුදු කරපු නිසා. මේ ධර්මය පුරුදු කිරීම කොච්චර දුරට අපට උපකාර වෙනවද කියන එක අද අපි ඉගෙන ගන්න මේ සූත්‍ර දේශනාවෙන් පැහැදිලි කරගන්න පුළුවන්.

මේ දේශනාවේ නම ධාතු විභංග සූත්‍රය. බුදුරජාණන් වහන්සේ මේ දේශනාව කළේ පුක්කුසාති කියලා නවක

පැවිද්දෙකුට. පුක්කුසාති කියන්නේ සාමාන්‍ය කෙනෙක් නෙමෙයි. තක්ෂිලාවේ හිටපු රජ්ජුරුවෝ. තක්ෂිලාවෙන් සිටුවරු වගයක් රජගහ නුවරට වෙළදාමේ ආවා. ඔබට හිතෙන්න පුළුවන් තක්ෂිලාවයි රජගහනුවරයි අතර මහ ලොකු දුරක් නැතුව ඇති කියලා. තක්ෂිලාවේ ඉඳන් රජගහ නුවරට දුර යොදුන් එකසිය අනූදෙකක්. ඒ කියන්නේ සාමාන්‍යයෙන් කිලෝමීටර් එක්දහස් නවසිය විස්සක් වගේ. සෑහෙන්න දුරක්.

## කවුද ඔබේ රජතුමා...?

ඉතින් මේගොල්ලෝ වෙළහෙළදාම් වලට ඇවිල්ලා රජගහ නුවරදි බිම්බිසාර රජ්ජුරුවන්වත් බැහැදැක්කා. බිම්බිසාර රජ්ජුරුවෝ ඇහුවා 'කවුද ඔයගොල්ලන්ගේ පලාතේ ඉන්න රජ්ජුරුවෝ?' කියලා. එතකොට ඒ වෙළෙන්දෝ කිව්වා 'අපේ පළාතේ ඉන්නේ පුක්කුසාති කියලා රජකෙනෙක්' කියලා. ඔන්න දැන් බිම්බිසාර රජ්ජුරුවොයි, පුක්කුසාති රජ්ජුරුවොයි අතර මේ වෙළෙන්දෝ මාර්ගයෙන් හිතවත් කමක් ඇතිවුනා. තක්ෂිලාව කියලා කියන්නේ මේ වෙද්දී පකිස්තානය, ඇෆ්ගනිස්ථානය කිට්ටුව.

දවසක් පුක්කුසාති රජ්ජුරුවන්ට පස් පැහැයෙන් දිලෙන, ඉතා මෘදු මොළොක්, වටිනා පලස් අටක් හම්බ වුනා. එතකොට මේ රජ්ජුරුවෝ 'මම මේ පලස් අට තෑගි කරන්ට ඕන මාගේ මිත්‍ර රජගහ නුවර බිම්බිසාර රජ්ජුරුවන්ට' කියලා කල්පනා කළා. ඊටපස්සේ රාජදූතයන් අතේ බිම්බිසාර රජ්ජුරුවන්ට මේ පලස් අට පිටත් කළා. බිම්බිසාර රජ්ජුරුවෝ රාජ මාළිගාව මැද්දට ගෙනල්ලා ඒ පලස් ටික ලෙහලා බැලුවා. බලලා ඇමතිවරුන්

ගෙන් ඇහුවා 'ඇමතිවරුනි, මෙවැනි වටිනා පලස් මගධ රාජධානියේ තියෙනවාද?' කියලා. 'දේවයන් වහන්ස, මෙච්චර වටිනා පලස් නම් මේ මගධ රාජධානියේ නෑ' කිව්වා.

## ලෝකයේ උතුම් ම රත්න තුන....

ඊට පස්සේ බිම්බිසාර රජ්ජුරුවෝ ඒ දූතයන්ට හොඳට සලකලා පලස් හතරක් බුදුරජාණන් වහන්සේට පූජා කළා. පලස් හතරක් මාළිගාවේ ප්‍රයෝජනයට ගත්තා. ඊටපස්සේ රජ්ජුරුවෝ කල්පනා කළා 'මේ කෙනා හැබෑම හිතවත් කෙනෙක්. බොහෝම වටිනා පලස් අටක් මේ එවලා තිබුනේ. මමත් යම්කිසි තෑග්ගක් මේ පුක්කුසාති රජතුමාට යවන්න ඕන. මම මොකක්ද යවන තෑග්ග?' කියලා කල්පනා කළා. එතකොට මතක් වුනා 'මට යවන්න තියෙන්නේ ලෝකේ උතුම්ම රත්න තුන' කියලා.

බිම්බිසාර රජ්ජුරුවෝ මොකද කළේ, ලොකු රන් පත්ඉරුවල "මේ කාලේ තථාගත භාග්‍යවත් අරහත් සම්මා සම්බුදු රජාණන් වහන්සේ නමක් පහළ වෙලා ඉන්නවා. උන්වහන්සේ රහත්, සම්මා සම්බුද්ධයි, විජ්ජාචරණසම්පන්නයි" ආදී වශයෙන් බුදුරජාණන් වහන්සේගේ ගුණ, ධර්මයේ ගුණ, සංඝරත්නයේ ගුණ ලිව්වා. ලියලා ඒක ලස්සනට හරිගස්සලා, ඇතා පිටේ තියලා, දූත පිරිසක් අතේ තක්සිලාවට පිටත් කළා. ඒ වගේම බිම්බිසාර රජ්ජුරුවෝ දූතයන් අතේ තවත් පණිවිඩයක් යැව්වා 'මේ ඇතා පිටෙන් ගේන වස්තුව උඩක තියලා තමන් පහළ ඉඳගෙන බලන්ට' කියලා.

## ධර්ම ගෞරවය ඇතිකර ගන්න....

දැන් කාලේ නම් එහෙම නෑනේ. නැගිටිනකොට

ම පොත ගත්තා. පස්ස තියාගෙන හිටපු මෙට්ටෙම දහම් පොතත් තිබ්බා. නැගිටලා ගියා. දැන් ඒ ගෞරවය පිහිටන්නේ නෑ. බලන්න ඒ කාලේ වෙනස. රජ කෙනෙක් තවත් රජ කෙනෙකුට උපදෙස් දෙනවා 'මං මහා වටිනා වස්තුවක් එවනවා. ඒ වස්තුව උස් තැනක තියලා ඔබ මිටි ආසනයක ඉඳලා බලන්න' කියලා. ඉතින් ඔන්න මේ හස්තිරාජයා සැපත් වුනා තක්ෂිලාවට. ඊටපස්සේ රාජ මාළිගාවට වඩම්මලා බිම්බිසාර රජ්ජුරුවෝ එවපු තුටු පඬුර උස ආසනයක තියලා තමන් පොඩි ආසනයක වාඩිවෙලා දිග ඇරලා බැලුවා.

බැලුවහම තියෙනවා 'දැන් මේ ලෝකයේ තථාගත අරහත් සම්මා සම්බුදු රජාණන් වහන්සේ නමැති බුද්ධ රත්නය පහළ වෙලා' කියලා. මේක කියවපු ගමන් පුක්කුසාති රජ්ජුරුවන්ට උන්හිටි තැන් අමතක වුනා. බලන්න සංසාරේ පුරුද්ද එන විදිහ. ඊටපස්සේ රජ්ජුරුවෝ තීරණය කළා එවෙලෙම උන්වහන්සේව හොයාගෙන යන්න. රජගහ නුවර ඉඳලා පණිවිඩේ ගිය නිසා පුක්කුසාති රජ්ජුරුවෝ හිතුවේ බුදුරජාණන් වහන්සේ වැඩඉන්නේ රජගහ නුවර කියලයි. නමුත් ඒ වෙද්දි බුදුරජාණන් වහන්සේ වැඩහිටියේ සැවැත් නුවර.

## සම්මා සම්බුදු රජුන් උදෙසා මාගේ පැවිද්ද වේවා...!

ඉතින් මේ පුක්කුසාති රජ්ජුරුවෝ මට දැන් මේ එකක්වත් වැඩක් නෑ කියලා රජකම අනිත් අයට බාරදුන්නා. 'මේ ලෝකයේ යම් භාග්‍යවත් අරහත් සම්මා සම්බුදු රජාණන් වහන්සේ නමක් ඇත්ද, උන්වහන්සේ වෙනුවෙන් මාගේ පැවිද්ද වේවා!' කියලා මාලිගාවේදීම

තමන්ගේ කෙස් රැවුල් ඉවත් කරලා කසාවත් පොරව ගත්තා. ඊටපස්සේ මාලිගාවේදීම වාඩිවෙලා බුදුගුණ මෙනෙහි කරන්න ගත්තා. හිතත් සමාධිමත් වුනා. ඊටපස්සේ පිරිසට කිව්වා 'මට කවුරුවත් එපා. මම හුදෙකලාවේම යනවා ඒ බුදුරජාණන් වහන්සේව බැහැදකින්න' කියලා.

දැන් ඔබ හිතන්න සාමාන්‍යයෙන් රජකෙනෙක් එළියට බැහැලා යද්දි උපස්ථානෙට කවුරුහරි ගන්නවනෙ වතුර ටිකක්වත් දෙන්න කවුරුහරි ඉන්න ඕනෙ කියලා. එහෙම කිසි කෙනෙක් ගත්තේ නෑ. කසාවත් පොරව ගෙන පාත්තරයක් අතට අරගෙන එළියට බැහැලා ගියා. සේනාවයි ඇමතිවරුයි අඬ අඬා මගට ආවා. ඊටපස්සේ පයින් ගිය දුර කොච්චරක්ද? කිලෝ මීටර් එක්දාස් නමසිය විස්සක්. සැවැත් නුවරත් පහු කරන් මේ යන්නේ. ඇයි සැවැත් නුවර බුදුරජාණන් වහන්සේ ඉන්න බව මෙයා දන්නෙ නෑ.

## කුඹල්හලේ නැවතුනා....

දැන් ඔන්න පුක්කුසාති රජගහ නුවරට ගිහිල්ලා බැලුවාම අනේ බුදුරජාණන් වහන්සේ එහේ නෑ. මිනිස්සුන්ගෙන් ඇහුවහම උන්වහන්සේ වැඩ ඉන්නේ සැවැත් නුවර කිව්වා. සැවැත් නුවරට ආයෙ යන්න ඕනෙ කිලෝමීටර් හාරසිය පනහක්. දැන් රෑ බෝ වෙලා නිසා මෙයා තීරණය කළා එදා රාත්‍රිය රජගහ නුවර ම ගතකරන්න. මිනිස්සුන්ගෙන් ඇහුවා මෙහේ කොහේ හරි නවතින්න තැනක් තියෙනවද කියලා. ඒ නගරයේ තිබුනා කුම්භකාර ශාලාවක්. මිනිස්සු එතන පෙන්නුවා. කුම්භකාර ශාලාවක් කියන්නේ වළං හදලා වේලෙන්න දාන පොඩි මඩුවක්. ඒ මඩුවේ තමයි වළං හදන එක්කෙනා වළං ගෙනල්ලා අඩුක් කරන්නේ. ඉතින් ඒකේ මොකුත්

නැති වෙලාවට ශ්‍රමණ බ්‍රාහ්මණයන්ට නවාතැන් ගන්න දෙනවා.

ඊටපස්සේ පුක්කුසාති භාර්ගව කියන ඒ කුම්භකාර ශාලාවේ අයිතිකාරයාව ගිහිල්ලා හම්බ වුනා. හම්බ වෙලා 'මං අද රෑ මෙහේ නවතින්නද..?' කියලා ඇහුවා. 'හා... කමක් නෑ ඉන්න...' කිව්වා. මෙයා කිලෝමීටර් දෙදාහකට කිට්ටු වෙන ගාණක් වෙහෙසක් නැතුව ආවේ කොහොමද? සමාධි බලෙන්. මාලිගාවෙදිම තනියම ආනාපානසතියත් වඩාගෙන, හතරවෙනි ධ්‍යානය දක්වා හිත දියුණු කරගෙන, ධ්‍යාන බලයෙන් තමයි ඇවිල්ලා තියෙන්නේ වෙහෙසක් නැතුව. දැන් මේ කෙනා ආයෙත් වාඩිවෙලා පාඩුවේ භාවනා කරගෙන ඉන්නවා. හිතේ තියෙන්නේ කවුරු බැහැදකින්නද? බුදුරජාණන් වහන්සේව බැහැදකින්නයි.

## පින්වන්තයා මොනතරම් දුරකට හිටියත් බුදු නෙතට පේනවා....

සැවැත් නුවර වැඩ සිටිය බුදුරජාණන් වහන්සේ ඔන්න දැන් එකපාරටම රජගහ නුවර. බුදුරජාණන් වහන්සේ රජගහ නුවර කුම්භකාර ශාලාවට වැඩලා ඒ කුඹල්හලේ අයිතිකාරයාගෙන් අහනවා "භාර්ගව, ඔබට බරක් නැත්නම් මට අද රාත්‍රියේ මෙහේ ඉන්න පුළුවන්ද?" කියලා. එතකොට භාර්ගව කියනවා "ස්වාමීනී, මට කිසිම බරක් නෑ. හැබැයි මීට කලින් පැවිද්දෙක් ඇවිල්ලා ඇතුලේ ඉන්නවා. ඔබවහන්සේ ගිහින් එයාගෙන් අහන්න. එයා කැමති නම් ඔබවහන්සේට ඉන්න පුළුවන්" කිව්වා.

ඊටපස්සේ බුදුරජාණන් වහන්සේ අර කුම්භකාර ශාලාවට වැඩලා පුක්කුසාතිගෙන් අහනවා "භික්ෂුව, ඔබට

බරක් නැත්නම්, ඔබට අපහසුතාවයක් නැත්නම් මං එක රැයක් මෙහේ ඉන්නද?" කියලා. එතකොට පුක්කුසාති කියනවා "**උරුන්දං ආවුසෝ කුම්භකාරාවේසනං.** ආයුෂ්මතුනි, මෙතන කිසි කරදරයක් නෑ. **විහරතායාස්මා යථාසුඛං.** ආයුෂ්මතුන් කැමති විදිහට ඉන්න" කියනවා. කාටද මේ ආයුෂ්මතුන් කියලා කිව්වේ? බුදුරජාණන් වහන්සේට. ආයුෂ්මතුනි කියලා ආමන්ත්‍රණය කරන්නේ තමා හා සමාන අයටයි. දැන් මෙයා බුදුරජාණන් වහන්සේව අඳුනනවද? අඳුනන්නේ නෑ.

## ඔබ කා උදෙසා පැවිදි වූ කෙනෙක් ද...?

පුක්කුසාති හිතුවේ මේ ඉන්නේ තමන් වගේම චාරිකාවේ ඇවිදගෙන යන භික්ෂුවක් වෙන්ට ඇති කියලයි. ඇයි බුදුරජාණන් වහන්සේ වැඩියේ ප්‍රාතිහාර්යය දක්වගෙන නෙමෙයිනේ. සාමාන්‍ය කෙනෙක් වශයෙන්නේ වැඩියේ. බුදුරජාණන් වහන්සේ වැඩම කරලා පැත්තකින් තිබුණ තණ ඇතිරියක වාඩිවෙලා භාවනා කළා. පුක්කුසාතිත් කිලෝමීටර් ගාණක් පයින් ඇවිල්ලා වෙහෙසයි කියලා බුදියගත්තද? නෑ. පුක්කුසාතිත් එයාට ලැබිච්ච තණ ඇතිරියේ වාඩිවෙලා පාඩුවේ භාවනා කළා.

බුදුරජාණන් වහන්සේත් බොහෝ වෙලාවක් භාවනා කරලා ඊටපස්සේ කල්පනා කරනවා, "**පාසාදිකං නු බෝ අයං කුලපුත්තෝ ඉරියති.** මේ කුලපුත්‍රයා බොහොම සිත් පහදවන ඉරියව්වෙන් යුක්තයි. ඒ නිසා මෙයාගෙන් කාගේ කවුද කියලා විස්තර අහන්න ඕනෙ" ඊටපස්සේ බුදුරජාණන් වහන්සේ අහනවා පුක්කුසාතිගෙන් "**කංසි ත්වං භික්ඛු උද්දිස්ස පබ්බජිතෝ.** භික්ෂුව ඔබ කවුරු උදෙසා පැවිදි වූ කෙනෙක්ද? **කෝ වා තේ සත්ථා.**

ඔබේ ශාස්තෘන් වහන්සේ කවරෙක්ද? **කස්ස වා ත්වං ධම්මං රෝචේසීති.** ඔබ කාගේ ධර්මයටද රුචි කරන්නේ?"

## ඒ භාග්‍යවතුන් වහන්සේ තමයි මාගේ ශාස්තෘන් වහන්සේ....

එතකොට පුක්කුසාති කියනවා "ඇවැත්නි, ශාක්‍ය කුලයෙන් නික්මිලා පැවිදි වෙච්ච ශ්‍රමණ ගෞතම කියලා ශාක්‍ය පුත්‍රයෙක් ඉන්නවා. ඒ භවත් ගෞතමයන් වහන්සේ ගැන මෙබඳු කල්‍යාණ කීර්ති ඝෝෂාවක් පැතිරිලා තියෙනවා. (අර බිම්බිසාර රජ්ජුරුවෝ එවපු විස්තරේ තමයි දැන් මේ කියන්නේ) **ඉතිපි සෝ භගවා අරහං සම්මා සම්බුද්ධෝ විජ්ජාචරණ සම්පන්නෝ සුගතෝ ලෝකවිදූ අනුත්තරෝ පුරිසදම්ම සාරථී සත්ථා දේවමනුස්සානං බුද්ධෝ භගවා** කියලා කල්‍යාණ කීර්ති ඝෝෂාවක් පැතිරිලා තියෙනවා. **තාහං භගවන්තං උද්දිස්ස පබ්බජිතෝ.** ආන්න ඒ භාග්‍යවතුන් වහන්සේ වෙනුවෙන් මම පැවිදි වුනේ. **සෝ ච මේ භගවා සත්ථා.** ඒ භාග්‍යවතුන් වහන්සේ තමයි මාගේ ශාස්තෘන් වහන්සේ. **තස්සාහං භගවතෝ ධම්මං රෝචේමි.** ඒ භාග්‍යවතුන් වහන්සේගේ ධර්මය තමයි මං රුචි කරන්නේ" කියලා කිව්වා.

## ඔබ උන්වහන්සේව කලින් දැකලා තියෙනවද...?

එතකොට බුදුරජාණන් වහන්සේ අහනවා "**කහං පන භික්ඛු ඒතරහි සෝ භගවා විහරති අරහං සම්මා සම්බුද්ධෝ.** භික්ෂුව, මේ දවස්වල ඒ අරහත් සම්මා සම්බුදු වූ භාග්‍යවතුන් වහන්සේ ඉන්නෙ කොහෙද?" එතකොට පුක්කුසාති කියනවා "**අත්ථාවුසෝ උත්තරේසු ජනපදේසු**

**සාවත්ථි නාම නගරං.** ඇවැත්නි, උතුරු දිසාවේ ජනපදවල සැවැත් නුවර කියලා නගරයක් තියෙනවා. ආන්න එහේ තමයි භාග්‍යවතුන් වහන්සේ මේ දවස්වල වැඩ ඉන්නේ" ඉස්සෙල්ලාම මෙයා බුදුරජාණන් වහන්සේ රජගහ නුවර වැඩඉන්නවා කියලා හිතාගෙනනේ ආවේ. නමුත් එහේදි දැනගත්තනෙ භාග්‍යවතුන් වහන්සේ වැඩඉන්නේ සැවැත් නුවර කියලා.

මෙයා දැන් සැවැත් නුවර යන බලාපොරොත්තුවෙන් තමයි ඉන්නේ. ඉතින් බුදුරජාණන් වහන්සේ අහනවා " **දිට්ඨපුබ්බෝ පන තේ භික්ඛු සෝ භගවා** භික්ෂුව, ඔබ ඒ භාග්‍යවතුන් වහන්සේව කලින් දැකලා තියෙනවද? **දිස්වා ච පන ජානෙය්‍යාසි.** දැක්කත් අඳුනගන්න පුළුවන්ද?" "අනේ නෑ ඇවැත්නි, මං ඒ භාග්‍යවතුන් වහන්සේව දැකලා නෑ. දැක්කත් අඳුනාගන්ටත් බෑ" කිව්වා. එතකොට බුදුරජාණන් වහන්සේට මෙහෙම හිතුනා. "මේ කුලපුත්‍රයා මා උදෙසා පැවිදි වූ කෙනෙක්. ඒ නිසා මම මෙයාට බණ ටිකක් කිව්වොත් හොඳයි" කියලා. ඊටපස්සේ බුදුරජාණන් වහන්සේ වදාළා "භික්ෂුව, මං ඔබට ධර්මය දේශනා කරන්නම්. එය හොඳට අහගෙන ඉන්න" කිව්වා. එතකොට මෙයා හොඳයි කිව්වා.

## මේ ජීවිතය කියන්නේ ධාතු හයක්....

දැන් මේ පුක්කුසාතිට සීලය ගැන කියන්න දෙයක් නෑ. මොකද හේතුව, සීලයෙන් යුක්තයි. 'මෙහෙම සංවර වෙන්න... මෙහෙම අතපය දිග අරින්න... මෙහෙම අකුලන්න... මෙහෙම ඉස්සරහ බලන්න... මෙහෙම ආපස්සට බලන්න... මෙහෙම ඉන්ද්‍රිය සංවර කරගන්න...' කියලා කියන්න දෙයක් නෑ. මොකද හේතුව, ඉන්ද්‍රියයන්

සංවර වෙලා. 'මෙහෙම පංච නීවරණ බැහැර කරන්න... මෙහෙම සමාධිය වඩන්න...' කියලා කියන්න දෙයක් නෑ. මොකද හේතුව, සමාධියෙන් යුක්තයි. දැන් එහෙනම් මොකක් ගැනද කියන්න තියෙන්නේ? විදර්ශනාව ගැන. ප්‍රඥාව ගැන.

ඔන්න දැන් බුදුරජාණන් වහන්සේ දේශනා කරනවා "**ඡද්ධාතුරෝ අයං භික්ඛු පුරිසෝ.** භික්ෂුව, මේ පුරුෂයා, නැත්නම් මේ මනුෂ්‍යයා කියන්නේ ධාතු හයක්. **ඡඵස්සායතනෝ අයං භික්ඛු පුරිසෝ** මේ පුරුෂයා කියලා කියන්නේ, සත්වයා කියලා කියන්නේ ස්පර්ශ ආයතන හයක්. **අට්ඨාරසමනෝපවිචාරෝ අයං භික්ඛු පුරිසෝ** මේ පුරුෂයා කියලා කියන්නේ සිත හැසිරෙන තැන් දහඅටක්. ඒ වගේම **චතුරාධිට්ඨානෝ** අධිෂ්ඨාන හතරකුත් තියෙනවා. ඒ අධිෂ්ඨාන හතර තුළ හිටියාම එයාගේ ජීවිතේ කෙලෙස් වලින් ඇතිවෙන අර්බුද නැති වෙනවා. කෙලෙස් වලින් ඇතිවෙන අර්බුද නැති වුනාට පස්සේ ඒ කෙනාට **ශාන්ත මුනිවරයා** කියලා කියනවා.

## ධාතු විභංග දේශනාවේ මාතෘකාව....

මොනවද ඒ අධිෂ්ඨාන හතර? **පඤ්ඤං නප්පමජ්ජෙය්‍ය.** ප්‍රඥාව ප්‍රමාද කරන්නේ නෑ. **සච්චං අනුරක්ඛෙය්‍ය.** සත්‍යය රකිනවා. **චාගං අනුබ්‍රෑහෙය්‍ය.** ත්‍යාගය පුරුදු කරනවා. **සන්තිමේව සෝ සික්ඛෙය්‍ය.** එයා ශාන්ත භාවයම පුහුණු වෙනවා" මේක තමයි ධාතු විභංග ධර්ම දේශනාවේ මාතෘකාව. ඊටපස්සේ බුදුරජාණන් වහන්සේ මේක විස්තර කරනවා. "භික්ෂුව, මේ පුරුෂයා යනු ධාතු හයකි කියලා කිව්වේ කුමකටද? ඒ තමයි පඨවි ධාතු, ආපෝ ධාතු, තේජෝ ධාතු, වායෝ ධාතු, ආකාස

ධාතු, විඤ්ඤාණ ධාතු. අපි කුලතිලක, පෙරේරා, සිල්වා, සුමනා, මල්ලිකා කියලා මොන නමින් හැඳින්නුවත් ඒ ඔක්කොම මොනවද? පඨවි ධාතු, ආපෝ ධාතු, තේජෝ ධාතු, වායෝ ධාතු, ආකාස ධාතු, විඤ්ඤාණ ධාතු.

ඊළඟට බුදුරජාණන් වහන්සේ වදාළා "භික්ෂුව, මේ පුරුෂයා කියලා කියන්නේ ස්පර්ශ ආයතන හයක් කියලා කිව්වේ ඇයි? ඒ තමයි ඇහේ ස්පර්ශය නමැති ආයතනය, කනේ ස්පර්ශය නමැති ආයතනය, නාසයේ ස්පර්ශය නමැති ආයතනය, දිවේ ස්පර්ශය නමැති ආයතනය, කයේ ස්පර්ශය නමැති ආයතනය, මනසේ ස්පර්ශය නමැති ආයතනය. භික්ෂුව, මේ සත්වයා කියන්නේ, පුරුෂයා කියන්නේ, පුද්ගලයා කියන්නේ මේ ස්පර්ශ ආයතන හයයි"

## සිත හැසිරෙන තැන් දහඅටක්....

බුදුරජාණන් වහන්සේ ඊළඟට දේශනා කරනවා "**අට්ඨාරසමනෝපවිචාරෝ අයං භික්ඛු පුරිසෝ.** භික්ෂුව, මේ පුරුෂයා යනු මනස හැසිරෙන තැන් දහඅටකි කියලා කිව්වේ ඇයි? **චක්ඛුනා රූපං දිස්වා සෝමනස්සට්ඨානීයං රූපං උපවිචරති.** ඇසෙන් රූපයක් දැකලා සතුටක්, ආශ්වාදයක් උපදවන රූපය ගැන හිත කැරකෙනවා. ඊළඟට **දෝමනස්සට්ඨානීයං රූපං උපවිචරති.** දොම්නස ඇතිවෙන, ගැටීම ඇතිවෙන, තරහ ඇතිවෙන රූපයක් දැක්කහම ඒ රූපයේම හිත කැරකෙනවා. ඒකම මතක් වෙනවා. **උපෙක්ඛට්ඨානීයං රූපං උපවිචරති.** උපේක්ෂාව ඇතිවෙන රූපය ගැනත් හිත කැරකෙනවා.

ඇහෙන් රූප දැකලා අපිටත් ඕක වෙලා තියෙනවද නැද්ද? වෙලා තියෙනවා. බුදුරජාණන් වහන්සේ වදාළා

ඇහෙන් රූපයක් දැකලා ආශ්වාදය ඇතිවෙන රූපයේම හිත කැරකෙනවා. ඒකම මතක් වෙනවා. ගැටුනා නම් ගැටිච්ච රූපෙම මතක් වෙලා ඒකම කල්පනා කර කර ඉන්නවා. එහෙම නැත්නම් මධ්‍යස්ථ රූපයක් මතක් වෙලා ඒක කල්පනා කර කර ඉන්නවා. ඊළඟට **සෝතේන සද්දං සුත්වා** කනෙන් යම් ශබ්දයක් අහලා ආශ්වාදය ඇතිවුනා නම් ඒ ශබ්දය ම මතක් වෙනවා. ගැටීමක් ඇතිවුනා නම් ඒ ශබ්දයත් හිතට ආයෙ ආයෙ මතක් වෙවී එනවා. උපේක්ෂා සහගත එකත් සිතට එනවා.

## හප්පේ... පුදුම රහක් නොවැ....

ඊළඟට **ඝානේන ගන්ධං ඝායිත්වා** නාසයෙන් ගඳසුවඳ ආඝ්‍රාණය කරලා සොම්නස ඇතිවෙන ගන්ධයත් ආයෙ ආයෙ හිතට මතක් වෙනවා. ගැටීමක් ඇතිවුන ගන්ධයත් ආයෙ ආයෙ හිතට මතක් වෙනවා. උපේක්ෂාවක් ඇතිවෙන ගන්ධයත් ආයෙ ආයෙ හිතට මතක් වෙනවා. ඊළඟට **ජිව්හාය රසං සායිත්වා** දිවෙන් රසයක් දැනගෙන ආශ්වාදය ඇතිවුන රසය හිතේ වැඩ කරනවා. සමහරු කියනවා ඔබ අහලා ඇති 'අම්මේ... මං ගියා දන්සැලකට... කහබතුත් හදලා තිබුනා... හප්පේ පුදුම රහක් නොවැ...' කියලා. ඒ මොකක්ද? තමන් ආශ්වාදය වින්දා නම් යම් රසයකින්, ඒ රසය නැවත නැවත මතක් වෙනවා.

ඊටපස්සේ සමහර රස විඳලා ගැටෙනවා. 'අනේ මතක් කරන්න එපා ඔය වැඩසටහන් ගැන... කටක් කටක් ගානේ ගල්...' කියනවා. මොකක්ද ඒ වුනේ? ගැටිච්ච දේ ආයෙ ආයෙ මතක් වෙනවා. හිත වැඩ කරනවා ඒකේ. බුදුරජාණන් වහන්සේ වදාළා ඒ දෙකේ විතරක් නෙමෙයි හිත වැඩ කරන්නේ. උපේක්ෂාවට පත්වෙච්ච දේ

ගැනත් හිතේ මෙනෙහි වීම තියෙනවා. ඊළඟට **කායේන ඵොට්ඨබ්බං ඵුසිත්වා** කයෙන් පහසක් ස්පර්ශ කොට සොම්නස ඇතිවෙන, ආශ්වාදනීය ස්පර්ශය හිතෙන් මෙනෙහි කර කර ඉන්නවා.

## ජලයෙන් ගොඩට ගත් මාළුවෙක් ලෙසින් සැලෙන සිත....

ගැටුනා නම් යම් ස්පර්ශයකට ඒකත් හිතෙන් මෙනෙහි කර කර ඉන්නවා. යන ගමන් ඔන්න කවුරුහරි ඇගේ හැප්පීගෙන ගියා. 'නොදකිං... ආන්න අරකි හැප්පුනා...' කියලා ඔන්න දැන් ඒක කල්පනා කර කර ඉන්නවා. මෙහෙම වෙනවද නැද්ද? වෙනවා. ඒ විතරක් නෙමෙයි මධ්‍යස්ථ ස්පර්ශයත් හිතට නැවත නැවත මතක් වෙනවා. ඒ ආයතන වල විතරක් නෙමෙයි. මේ අර්බුදය සිතෙත් තියෙනවා. **මනසා ධම්මං විඤ්ඤාය** මනසින් අරමුණක් දැනගත්තට පස්සේ ආශ්වාදය ඇතිවෙන අරමුණ නැවත නැවත හිතට මෙනෙහි වෙනවා. හිත ඒකම හොයනවා. ඒකෙම හිත හැසිරෙනවා.

ඊළඟට හිතට ගැටීමක් ඇතිවෙනවා. ගැටීමක් ඇතිවුනාට පස්සේ කියනවා 'අනේ අරුන්ගේ ප්‍රශ්නෙ ඔළුවට මට ඇවිල්ලා නින්ද යන්නෙත් නෑ... මට කන්නත් නෑ... මට වැඩක් කරගන්නත් නෑ...' කියලා කියන මිනිස්සු නැද්ද? ඉන්නවා. මොකක්ද ඒ වුනේ? ඒ ගැටිච්ච අරමුණ ආයෙ ආයෙමත් හිතේ හැසිරෙනවා. උපේක්ෂාව ඇතිවෙන අරමුණුත් නැවත නැවත හිතට මතක් වෙවී එනවා. බුදුරජාණන් වහන්සේ වදාළා "භික්ෂුව, පුරුෂයා යනු හිත හැසිරෙන තැන් දහඅටක් කියලා කිව්වේ මෙන්න මේ කරුණටයි"

# අසිරිමත් සම්බුදු නුවණ....

එතකොට මෙතන හිත හැසිරෙන තැන් එක ආයතනයකින් තුන ගානේ විස්තර වෙනවා. ඒ තමයි ආශ්වාදය ඇතිවෙන දේ, ගැටීම ඇතිවෙන දේ, උපේක්ෂාව ඇතිවෙන දේ. ඇහෙන් රූප දැකලා ඒ තුනේම හිත හැසිරෙනවා. කනෙන් ශබ්ද අහලා ඒ තුනේම ගැන හිත හැසිරෙනවා. නාසයෙන් ආඝ්‍රාණය කරලා ඒ තුනේම හිත හැසිරෙනවා. දිවෙන් රස විඳලා ඒ තුනේම හිත හැසිරෙනවා. කයෙන් පහස ලබලා ඒ තුනේම හිත හැසිරෙනවා. මනසින් අරමුණු මෙනෙහි කරලා ඇහෙන් දැකපුවා, කනෙන් අහපුවා, නාසයෙන් ආඝ්‍රාණය කරපුවා, දිවෙන් රස විඳපුවා, කයෙන් පහස ලබපුවා හිතෙන් මෙනෙහි කරනකොට යමකින් ආශ්වාදයක් ඇතිවුනාද ඒකේම හිත පවත්වනවා. යමකින් ගැටුනාද ගැටිච්ච එකේම හිත එල්ලිලා කැරකෙනවා. යම් අරමුණක් නිසා උපේක්ෂාව ඇතිවුනාද ඒකෙත් හිත එල්ලිලා කැරකි කැරකි තියෙනවා.

බලන්න කොච්චර පැහැදිලි පිරිසිදු විදර්ශනාවක්ද මේ තියෙන්නේ. දැන් අපි කරුණු තුනක් ගැන කථා කළා. පුරුෂයා යනු ධාතු සයකි. පුරුෂයා යනු ස්පර්ශ ආයතන සයකි. පුරුෂයා යනු සිත හැසිරෙන තැන දහඅටකි. ඊළඟට බුදුරජාණන් වහන්සේ වදාළා "**චතුරාධිට්ඨානෝ අයං භික්ඛු පුරිසෝ.** මේ පුරුෂයා කියන්නේ අධිෂ්ඨාන සතරකි" ඒ අධිෂ්ඨාන හතර තමයි ප්‍රඥා අධිෂ්ඨානය, සත්‍ය අධිෂ්ඨානය, ත්‍යාග අධිෂ්ඨානය, උපසම (සංසිඳීම) අධිෂ්ඨානය. බුදුරජාණන් වහන්සේ දේශනා කරනවා "**පඤ්ඤං නප්පමජ්ජෙය්‍ය** ප්‍රඥාව ප්‍රමාද කරන්න එපා. **සච්චං අනුරක්ඛෙය්‍ය** සත්‍යය රකින්න. **චාගමනුබ්‍රෑහෙය්‍ය**

ත්‍යාගය පුරුදු කරන්න. **සන්තිමේව සෝ සික්ඛෙය්‍ය** සංසිඳීම ම හික්මෙන්න" කියලා.

## ප්‍රඥාව ප්‍රමාද කරන්න එපා....

ඊටපස්සේ ඔන්න බුදුරජාණන් වහන්සේ මේක තව විස්තර කරනවා. "භික්ෂුව, ප්‍රඥාව ප්‍රමාද කරන්නේ නෑ කියන්නේ මොකක්ද? (බුදුරජාණන් වහන්සේගේ මේ විස්තරයට අනුව ප්‍රඥාව ප්‍රමාදයට ලක් කරන්නේ නෑ කියන්නේ නුවණින් විමසීම පමා කරන්නේ නෑ කියන එකයි) **ඡ ඉමා භික්ඛු ධාතුයෝ** භික්ෂුව, මේ ධාතු හයක් තියෙනවා. ඒ තමයි පඨවි ධාතු, ආපෝ ධාතු, තේජෝ ධාතු, වායෝ ධාතු, ආකාස ධාතු, විඤ්ඤාණ ධාතු" ඊළඟට බුදුරජාණන් වහන්සේ පුක්කුසාතිට මේ ධාතු හය ගැන විස්තර වශයෙන් දේශනා කරනවා.

"**කතමා ච භික්ඛු පඨවි ධාතු?** භික්ෂුව, පඨවි ධාතුව කියන්නේ මොකක්ද? **පඨවි ධාතු සියා අජ්ඣත්තිකා සියා බාහිරා** පඨවි ධාතුව තමා තුළත් තියෙනවා, තමාගෙන් බාහිරත් තියෙනවා. **කතමා ච භික්ඛු අජ්ඣත්තිකා පඨවි ධාතු?** භික්ෂුව, තමා තුළ තියෙන පඨවි ධාතුව මොකක්ද? **යං අජ්ඣත්තං පච්චත්තං කක්ඛලං ඛරිගතං උපාදින්නං** තමා යයි සලකන (ආධ්‍යාත්මික), ගොරෝසු, කර්කශ, උපාදානයෙන් යුක්ත යමක් ඇත්ද, **සෙය්‍යථීදං** මොනවද ඒ? **කේසා** කෙස් පඨවි ධාතු. **ලෝමා** ලොම් පඨවි ධාතු"

## වැටිච්ච වැටිච්ච තැන පොළවට පස් වුනා....

ඔබ පනාවෙන් කොණ්ඩේ පීරනකොට සාමාන්‍යයෙන් කෙස් රොදක් ගැලවිලා එනවා නේද? ඒ

ගැලවෙන ගැලවෙන කෙස් රොද පර්ස් එකේ දාගත්තද, නැත්නම් ගිය ගිය තැන ඒක විසි කළාද? ඒ වීසි කරපුවා ඒ ඒ තැන පස්වුනේ නැද්ද? ඒ ඒ තැන ඒවා දිරලා ගියා. ඊළඟට **නඛා** නියපොතු පඨවි ධාතු. **දන්තා** දත් පඨවි ධාතු. **තචෝ** සම පඨවි ධාතු. **මංසං** මස් පඨවි ධාතු. මේ හැම එකක ම කර්කශ, ගොරෝසු, පොළවට පස්වෙලා යන ස්වභාවය නේද තියෙන්නේ? ඊළඟට **නහාරූ** නහරවැල්. **අට්ඨී** ඇට. **අට්ඨිමිඤ්ජා** ඇටමිදුලු. **වක්කං** වකුගඩුව. **හදයං** හෘද මාංශය. **යකනං** අක්මාව. **කිලෝමකං** දලබුව. **පිහකං** බඩදිව. **පප්ඵාසං** පෙණහලු. **අන්තං** කුඩා බඩවැල. **අන්තගුණං** මහා බඩවැල. **උදරියං** ආමාශය. **කරීසං** අසූචි. මේවා ඔක්කොම ආධ්‍යාත්මික පඨවි ධාතුව.

## සම්මුතිය ඉක්මවා සත්‍යය දකින්න....

මේ විදිහට කල්පනා කිරීම සාමාන්‍යයෙන් අපිට පුරුදු දෙයක් නෙමෙයි. ඔන්න අපි මොකක්හරි අසනීපෙකට වෛද්‍යවරයෙක් ගාවට බෙහෙත් ගන්න යනවා. එතකොට වෛද්‍යවරයා මුත්‍රා සාම්පලයක් හරි අසූචි සාම්පලයක් හරි ගේන්න කියනවා. දැන් එතකොට කාගේ මුත්‍රාද ගෙනියන්නේ? තමන්ගේ නම ගහලා මේ අසවලාගේ මුත්‍රාය, අසවලාගේ අසූචිය කියලා ගෙනියන්නේ නැද්ද එහෙම? එතකොට ඒවත් අපිට 'මේ මගේ අසූචි, මගේ මුත්‍රා' කියන සම්මුතියක් එක්ක නෙමෙයිද අපි ඉන්නේ? 'මගේ කෙස්... මගේ සම... මගේ දත්...' ආදී වශයෙන් කොච්චර කාලයක් අපි මේ සම්මුතියෙන්ම කල්පනා කරන්න පටන් අරගෙනද? ඒ සම්මුතියෙන් එහාට යන්න අපේ හිත සකස් වෙලා නෑ. හිතට පුරුදු වෙලා නෑ.

## සතර මහාධාතු පිළිබඳ විදර්ශනාව....

බුදුරජාණන් වහන්සේ වදාළේ මේ සත්වයා කියන්නේ ධාතු ස්වභාවයක්ය කියලා බලන්න කියලයි. ඊටපස්සේ බුදුරජාණන් වහන්සේ දේශනා කරනවා "**යා චේව ඛෝ පන අජ්ඣත්තිකා පඨවිධාතු** තමාගේ යයි සලකන යම් පඨවි ධාතුවක් ඇත්ද, **යා ච බාහිරා පඨවිධාතු** බාහිර යම් පඨවි ධාතුවක් ඇත්ද, **පඨවිධාතුරේවේසා** ඒ ඔක්කොම පඨවි ධාතුමයි. **තං නේතං** මම එය මගේ නොවේ. **නේසෝහමස්මි** එය මම නොවෙමි. **න මේසෝ අත්තාති** එය මාගේ ආත්මය නොවේ. ඒ කියන්නේ තමාගේ වසඟයේ පවත්වාගන්න පුළුවන් එකක් නොවේ කියලා **ඒවමේතං යථාභූතං සම්මප්පඤ්ඤාය දට්ඨබ්බං.** මේ විදිහට මේකේ ඇත්ත ස්වභාවය සම්‍යක් ප්‍රඥාවෙන් දැක්ක යුතුයි.

ඒ විදිහට දැක්කොත් **පඨවි ධාතුයා නිබ්බින්දති** ආයෙමත් ඒ ජාතියේ ඒවා ලබාගන්න ආසාව නැතුව යනවා. එපා වෙනවා. **පඨවි ධාතුයා චිත්තං විරාජේති.** පඨවි ධාතුව කෙරෙහි හිතේ තියෙන ඇල්ම නැතිවෙලා යනවා. පින්වත්නි, මේ ධර්මයේ තියෙන ආශ්චර්යය තමයි මේ ධර්මය කෙනෙකුට අවබෝධ වුනොත් ඒ අවබෝධය කණපිට හැරෙන්නෙ නෑ. ඒ කියන්නේ ඒක වෙනස් වෙන්නෙ නෑ. ඒ නිසා බාහිර ලෝකෙ වෙනස්වීම එයාට බලපාන්නේ නෑ.

## අසාර්ථක වූ වෑයම්....

බුදුරජාණන් වහන්සේගේ කාලේ විමලා කියලා වෙසඟනක් මොග්ගල්ලාන මහරහතන් වහන්සේව රාගයෙන් පොළඹවගන්න හැදුවා. කරගන්න බැරිවුනා.

එක සල්ලාලයෙක් සුභා තෙරණියව පොළඹවගන්න හැදුවා. කරගන්න බැරිවුනා. තවත් ස්ත්‍රියක් සුන්දර සමුද්දයන් වහන්සේව පොළඹවගන්න හැදුවා. කරගන්න බැරිවුනා. ඇයි එහෙම බැරිවුනේ? මේ ධාතු හයේ ඇත්ත ස්වභාවය ප්‍රඥාවෙන් දැකපු නිසා තව කෙනෙකුගේ බහකට, එහෙම නැත්නම් අනුන්ගේ ස්වභාවයකට, බාහිර දේකට පෙළඹෙන ස්වභාවයක් ඇතුලේ නෑ.

ඊළඟට බුදුරජාණන් වහන්සේ දේශනා කරනවා "**කතමා ච භික්ඛු ආපෝ ධාතු.** භික්ෂුව, ආපෝ ධාතුව කියන්නේ මොකක්ද? තමාගේ කියලා (ආධ්‍යාත්මික) ආපෝ ධාතුවකුත් තියෙනවා. බාහිර ආපෝ ධාතුවකුත් තියෙනවා. මේ දෙකෙන් ආධ්‍යාත්මික ආපෝ ධාතුව කියලා කියන්නේ **යං අජ්ඣත්තං පච්චත්තං** තමා තුළ තියෙන, **ආපෝ** වැගිරෙන, **ආපෝගතං** වැගිරෙන ස්වභාවයෙන් යුතු, **උපාදින්නං** එයින්ම සකස් වෙලා තියෙන දේ. ඒ මොනවද? **පිත්තං** පිත ආපෝ ධාතුවයි. **සෙම්හං** සෙම ආපෝ ධාතුවයි. **පුබ්බෝ** සැරව ආපෝ ධාතුවයි.

## ආධ්‍යාත්මික ආපෝ ධාතුව....

**ලෝහිතං** ලේ ආපෝ ධාතුවයි. **සේදෝ** දහඩිය ආපෝ ධාතුවයි. **මේදෝ** තෙල් මන්ද ආපෝ ධාතුවයි. **අස්සු** කඳුලු ආපෝ ධාතුවයි. **වසා** වුරුණු තෙල් ආපෝ ධාතුවයි. **ඛේලෝ** කෙළ ආපෝ ධාතුවයි. දැන් ඔය අපේ කටේ හයිය තියෙන නිසා තමයි කෙළ පිටට වැක්කෙරෙන්නෙ නැත්තේ. වයසට ගියාම මේ කටේ හයිය නැතුව යනවා. එදාට කෙළ වැක්කෙරෙන එක නවත්තන්න බෑ. කවුරුහරි කෙනෙක් ළඟ ඉඳලා රෙදි කෑල්ලකින් පිහිදාන්න වෙනවා. **සිංඝානිකා** සොටු ආපෝ

ධාතුවයි. **ලසිකා** සඳමිඳුළු ආපෝ ධාතුවයි. **මුත්තං** මුත්‍රා ආපෝ ධාතුවයි.

අපේ මුත්‍රා වැක්කෙරෙන්නෙ නැතුව තියෙන්නේ මේ ඇඟේ හයියක් නිසා. සමහර ස්නායු රෝග ආදී අසනීප වලදී මේ මුත්‍රාශය තමන්ගේ හිතෙන් පාලනය වෙන ගතිය නැතුව යනවා. ඊටපස්සේ මුත්‍රාශයේ මුත්‍රා පිරෙනකොට තමන් දන්නෙ නෑ වැක්කෙරෙනවා. **අයං වුච්චති භික්ඛු අජ්ඣත්තිකා ආපෝ ධාතු.** භික්ෂුව, මේ තමයි ආධ්‍යාත්මික ආපෝ ධාතුව. මේ විදිහට ගිහි වේවා පැවිදි වේවා යම්කිසි කෙනෙක් නිතර නිතර මනසිකාර කළොත් එයාට වැඩෙන්නේ මොකක්ද? ප්‍රඥාව. ඒ නුවණින් විමසීමට තමයි ප්‍රඥාව ප්‍රමාද කරන්නේ නෑ කියන්නේ.

## ප්‍රපඤ්ච කියන්නේ මොනවාද...?

මේවා විමසන්නේ නැතුව අපි එක එක කුණු කන්දල් 'අසවලා මේහෙමයි... අරයා මෙහෙමයි... අරකි මෙහෙමයි...' කිය කිය මේවා කල්පනා කර කර ඉන්නවා නම් ඒකට කියන්නේ මොකක්ද? ඒකට කියන්නේ **ප්‍රපඤ්ච** කියලයි. ප්‍රපඤ්ච කියන්නේ සිතේ කෙලෙස් හැදෙන විදිහට හිත හිත ඉන්න එක. සාරිපුත්ත මහ රහතන් වහන්සේ එක්තරා අවස්ථාවක වදාළා ප්‍රපඤ්ච වලින් වාසය කරන කෙනාට සතුටුදායක මරණයක් නෑ කියලා. ඇයි සිතේ කෙලෙස් හැදි හැදී තියෙන ස්වභාවය එයා පාලනය කරලා නෑ. ඒ නිසා එයා හිතට එන එන අරමුණු ඔහේ වැළඳගන්නවා.

හිතට රාග අරමුණු එනකොට ඒවා වැළඳගෙන ඒකම මෙනෙහි කර කර ඉන්නවා. පටිඝය එනකොට

ඒකම මෙනෙහි කර කර ඉන්නවා. ඊර්ෂ්‍යාව එනකොට ඒකම මෙනෙහි කර කර ඉන්නවා. එකට එක කරනකොට ඒකම මෙනෙහි කර කර ඉන්නවා. හිතෙන් තරඟයක් හදාගෙන ඒකම මෙනෙහි කර කර ඉන්නවා. මේ ඔක්කෝටම කියන තනි වචනය මොකක්ද? ප්‍රපඤ්ච. නමුත් බුදුරජාණන් වහන්සේගේ ශ්‍රාවකයා ඒ ප්‍රපඤ්ච මැඩගෙන නුවණින් විමසනවා. **පඤ්ඤං නප්පමජ්ජෙය්‍ය** ප්‍රඥාව ප්‍රමාද කරන්නේ නෑ කියන්නේ ඒකටයි.

## ආපෝ ධාතුවේත් යථාර්ථය දකින්න....

ප්‍රඥාව ප්‍රමාද නොකිරීමට බුදුරජාණන් වහන්සේ මෙතනදි දේශනා කරන්නේ මොකක්ද? ධාතු මනසිකාරය. ඊටපස්සේ බුදුරජාණන් වහන්සේ වදාළා "යම්කිසි බාහිර ආපෝ ධාතුවක් ඇද්ද, යම් ආධ්‍යාත්මික ආපෝ ධාතුවක් ඇත්ද, ඒ ඔක්කොම ආපෝ ධාතුවමයි" මේ ආපෝ ධාතුව ගැන බලන්න කියනවා **තං නේතං** මම එය මාගේ නොවේ. **නේසෝහමස්මි** එය මම නොවෙමි. **න මේසෝ අත්තාති** මෙය මාගේ ආත්මය නොවේ. මෙය මාගේ ඕනෑකම අනුව පවත්වාගන්න පුළුවන් දෙයක් නොවෙයි" කියලා. මේ විදිහට ඒ ආපෝ ධාතුවේ ඇති ඇත්ත ස්වභාවය මනාකොට ප්‍රඥාවෙන් දකින්න කියනවා.

දැන් හිතන්න බලන්න අපිට දාඩිය දානවා. ඔන්න අපි නාගෙන ආවා. ටික වෙලාවක් යනකොට ආයෙ දාඩිය වැක්කෙරෙනවාද නැද්ද? අපි කොච්චර මහන්සි වෙනවද මේ දාඩිය වළක්වගන්න. නමුත් අපිට ඕන විදිහට ඒක වෙන්නේ නෑ. ආත්මයක් නෑ කියන්නේ ඒකයි. මේ විදිහට ආපෝ ධාතුවේ ඇත්ත ස්වභාවය ප්‍රඥාවෙන් දකිනකොට ආපෝ ධාතුයා **නිබ්බින්දති** ආපෝ ධාතුව එපා වෙනවා.

**ආපෝ ධාතුයා චිත්තං විරාජේති.** ආපෝ ධාතුව කෙරෙහි හිත නොඇලී යනවා.

## අසුභ දේ සුභ විදිහට පේනවා....

දැන් හිතලා බලන්න මේ සතර මහාධාතුන්ගෙන් හටගත්ත ශරීරය ම නේද අපි වසඟ වෙච්ච දේ? තමන්ගේ රූපයටත් වසඟ වෙනවා. අනුන්ගේ රූපයටත් වසඟ වෙනවා. ඒ රූපයේ හැඩට, ඒ රූපයේ පෙනුමට ගැලපෙන විදිහට අපේ හිතේ තියෙන අවිද්‍යාව එකතු වෙනවා. ඒ විදිහට අවිද්‍යාව එකතු වුනාට පස්සේ එයාට කැත කෙනාවත් පේන්නේ මහා ලස්සන කෙනෙක් වගේ. ගන්දස්සාරේ බැරි කෙනාවත් පේන්නේ සුවඳ හමන කෙනෙක් වගේ. අවිද්‍යාව කියන්නේ මොකක්ද? මේකයි පඨවි ධාතුව කියලා කිසිම අවබෝධයක් නෑ. මේකයි ආපෝ ධාතුව කියලා කිසිම අවබෝධයක් නෑ. අනිත් ධාතු ගැනත් කිසිම අවබෝධයක් නෑ.

ඊටපස්සේ බුදුරජාණන් වහන්සේ වදාළා පුක්කුසාතිට **කතමා ච භික්ඛු තේජෝ ධාතු** භික්ෂුව, තේජෝ ධාතුව කියන්නේ මොකක්ද? භික්ෂුව, ආධ්‍යාත්මික තේජෝ ධාතුවකුත් තියෙනවා. බාහිර තේජෝ ධාතුවකුත් තියෙනවා. ආධ්‍යාත්මික තේජෝ ධාතුව කියන්නේ **යං අජ්ඣත්තං පච්චත්තං.** තමා තුළ තියෙන, තමාගේ යයි සලකන **තේජෝ** රස්නයක් **තේජෝගතං** රස්නෙ බවට ගියා වූ යමක් ඇත්ද, ඒ තමයි **යේන ච සන්තප්පති.** යමකින් තමන්ගේ ශරීරය තවයිද, **යේන ච ජීරීයති.** යමකින් දිරවා යයිද,

## ආධ්‍යාත්මික තේජෝ ධාතුව....

**යේන ච පරිඩය්හති.** යමකින් දාහය ඇතිවෙයිද,

දාහය ඇතිවෙන්නේ නැද්ද අපේ ඇඟේ? සමහර වෙලාවට අපි කියන්නේ නැද්ද 'අම්මෝ හරී රස්නෙයි... ඇඟ දනවා... ඉන්න බෑ...' කියලා? ඒක තමයි මේ කියන්නේ. **යේන ච අසිතපීතඛායිතසායිතං සම්මා පරිණාමං ගච්ඡති.** කන බොන පානය කරන දේවල් යමකින් දිරවා යයිද, ඒ ඔක්කොම කෙරෙන්නේ තේජෝ ධාතුවෙන්. මේ වගේ තවත් මේ ශරීරයේ යම්කිසි රස්නෙ ස්වභාවයක් ඇත්ද, **අයං වුච්චති භික්ඛු අජ්ඣත්තිකා තේජෝ ධාතු.** භික්ෂුව, මේකට කියන්නේ ආධ්‍යාත්මික තේජෝ ධාතුව කියලයි.

දැන් බුදුරජාණන් වහන්සේ කාත් කවුරුවත් නැති අර හිස් වළං මඩුවේ රාත්‍රියේ පුක්කුසාතිට මේ ධර්මය දේශනා කරද්දි පුක්කුසාතිගේ හිත කොච්චර ලස්සනට මමත්වයෙන් බැහැර වෙන්න ඇද්ද? බුදු කෙනෙක්නේ ළඟ ඉඳන් කියන්නේ 'භික්ෂුව, මේ විදිහට නුවණින් විමසන්න... මේ විදිහට නුවණින් විමසන්න...' කියලා. ඊටපස්සේ බුදුරජාණන් වහන්සේ වදාළා "යම් ආධ්‍යාත්මික තේජෝ ධාතුවක් ඇත්ද, බාහිර යම් තේජෝ ධාතුවක් ඇත්ද, **තේජෝ ධාතුරේවේසා** මේ ඔක්කොම එකම තේජෝ ධාතුවයි. **තං නේතං** මම මේ තේජෝ ධාතුව මගේ නොවේ. **නේසෝහමස්මි** මේ තේජෝ ධාතුව මම නොවෙමි. **න මේසෝ අත්තාති** මේ තේජෝ ධාතුව මගේ ආත්මය නොවේ කියලා තේජෝ ධාතුවේ තියෙන ඇත්ත ස්වභාවය මනාකොට ප්‍රඥාවෙන් දකින්න" කිව්වා.

## ආධ්‍යාත්මික වායෝ ධාතුව....

ඒ විදිහට ඇත්ත ස්වභාවය ප්‍රඥාවෙන් දැක්කොත් **තේජෝ ධාතුයා නිබ්බින්දති** තේජෝ ධාතුව එයාට එපා වෙනවා 'අනේ මේකදෑ මං මේ ආසාවෙන් පරිහරණය

කළේ...' කියලා. **තේජෝ ධාතුයා චිත්තං විරාජේති** තේජෝ ධාතුවෙන් හිත බැහැරට යනවා. ඒ කෙරෙහි තියෙන ඇල්ම නැතුව යනවා. ඊටපස්සේ බුදුරජාණන් වහන්සේ වදාළා "**කතමෝ ච භික්ඛු වායෝ ධාතු** භික්ෂුව, වායෝ ධාතුව කියන්නේ මොකක්ද? **වායෝ ධාතු සියා අජ්ඣත්තිකා සියා බාහිරා** ආධ්‍යාත්මික වායෝ ධාතුවකුත් තියෙනවා. බාහිර වායෝ ධාතුවකුත් තියෙනවා.

ආධ්‍යාත්මික වායෝ ධාතුව තමයි **යං අජ්ඣත්තං පච්චත්තං** තමා තුළ තියෙන, තමාගේ යයි සලකන වායෝ වාතය, **වායෝගතං** වාතයට අයිති දේවල්. මොනවද ඒ? **උද්ධංගමා වාතා** උගුරෙන් උඩට එන වාතය. **අධෝග මා වාතා** අධෝ මාර්ගයෙන් පිටවෙන වාතය. **කුච්ඡිසයා වාතා** කුසේ තියෙන වාතය. **කොට්ඨසයා වාතා** මේ ශරීරයේ ඇතැම් කොටස් වල තියෙන වාතය. **අංගමංග ානුසාරිනෝ වාතා** මේ ශරීරයේ අවයව පුරා ගමන් කරන්නා වූ වාතය. **අස්සාසෝ පස්සාසෝ** ආශ්වාස ප්‍රශ්වාස වාතය. මේ වගේ තවත් තියෙනවා නම් වාතයක් මොනවහරි ඇගේ ඒ ඔක්කෝම වායෝ ධාතු.

## වායෝ ධාතුවෙන් යථාර්ථය දකින්න....

භික්ෂුව, යම් ආධ්‍යාත්මික වායෝ ධාතුවක් ඇත්ද, යම් බාහිර වායෝ ධාතුවක් ඇත්ද, මේ දෙකම වායෝ ධාතුවමයි. ඒ නිසා **තං නේතං** මම මේ වායෝ ධාතුව මගේ නොවේ... **නෙසෝහමස්මි** මේ වායෝ ධාතුව මම නොවෙමි... **න මේසෝ අත්තාති** මේ වායෝ ධාතුව මගේ ආත්මය නොවේ... කියලා ඒකේ ඇත්ත ස්වභාවය මනාකොට ප්‍රඥාවෙන් දකින්න" කියනවා. ඒ විදිහට වායෝ ධාතුවේ සැබෑ ස්වභාවය නුවණින් දැක්කොත්

වායෝ ධාතුයා **නිබ්බින්දති** එයාට වායෝ ධාතුව එපා වෙනවා. හිරිකිතක් ඇතිවෙනවා. අවිද්‍යාව නිසානේ අපට මේ හිරිකිතයක් ඇතිවෙන්නේ නැත්තේ. විද්‍යාව පහළ වෙච්ච ගමන් පිළිකුළක් හටගන්නවා. එපා වෙනවා. **වායෝ ධාතුයා චිත්තං විරාජේති.** හිතේ නොඇල්මක් ඇතිවෙනවා වායෝ ධාතුව ගැන.

ඊළඟට බුදුරජාණන් වහන්සේ විස්තර කරනවා "**කතමා ච භික්ඛු ආකාසධාතු** භික්ෂුව, ආකාස ධාතුව කියන්නේ මොකක්ද? (ආකාස කියන්නේ අවකාශය. අවකාශය කියන්නේ යමක් පවතින්න තියෙන ඉඩකඩට) භික්ෂුව, ආධ්‍යාත්මික ආකාස ධාතුවකුත් තියෙනවා. බාහිර ආකාස ධාතුවකුත් තියෙනවා. මොකක්ද මේ ආධ්‍යාත්මික ආකාස ධාතුව? තමා තුළ තිබෙන, යමක් පවතින්න තියෙන ඉඩකඩ. ඒ තමයි **කණ්ණච්ඡිද්දං** කන් සිදුර, **නාසච්ඡිද්දං** නාස් සිදුර, **මුඛද්වාරං** කට,

## ආකාස ධාතුව තේරුම් ගන්න....

**යේන ච අසිතපීතඛායිතසායිතං අජ්ඣෝහරති** යමකින් කාපු බීපු දේවල් පහළට බසීද, **යත්ථ ච අසිතපීතඛායිතසායිතං සන්තිට්ඨති** යම් තැනක කාපු බීපු දේවල් තැන්පත් වී තිබෙයිද, අපි ගත්තොත් ඔන්න අපිට බඩගිනි වෙලාවක කවුරුහරි අපිට කොස් තම්බලා හරි කිරිබතක් හරි මොනවහරි කෑමක් හදලා දෙනවා. ඔන්න අපිත් හොඳට බඩ පිරෙන්න කනවා. මොකක්ද එතකොට පිරුනේ? ආමාශය. පිරුනට පස්සේ අපිට තවත් එකක් දෙනවා මෙන්න තව කන්න කියලා. පුළුවන්ද කන්න? බෑ. ඇයි හේතුව? අර තිබ්බච්ච ඉඩකඩ එතන නෑ. එතන තිබ්බච්ච දේවල් හිමින් හිමින් දිරවලා ගිහිල්ලා, ටික ටික

ඒවා අඩුවෙලා ගියාම ආයෙත් එතන ආකාස ධාතුව තියෙනවා. ආයෙ කෑවහම ඒ ආකාස ධාතුව නැතිවෙනවා. දැන් තේරුනාද මේ ආකාස ධාතුව කියන්නේ මොකක්ද කියලා?

ඊළඟට තියෙනවා **යේන ච අසිතපීතඛායිතසායිතං අධෝභාගා නික්ඛමති** කාපු බීපු දේවල් මලපහ බවට පත්වෙලා අධෝ මාර්ගයෙන් නික්මෙන්නත් ආකාස ධාතුව තියෙන්න ඕනෙ. අපි ගත්තොත් ඔන්න කෙනෙකුට මලබද්ධයක් හැදෙනවා. හැදිලා කාපුබීපු දේවල් ඔක්කොම සම්පූර්ණයෙන්ම පහළට ගිහින් ගිහින් මහබඩවැලේ හිරවෙනවා, පිටවෙන්නේ නෑ. දැන් ආකාස ධාතුව නෑ. ඒ නිසා මලපහ වෙන්නේ නෑ. ඊටපස්සේ අමාරුවෙන් වස්ති කරලා ආයෙ ඉඩකඩක් හදනවා. අර හිරවෙච්ච මලපහ බුරුල් කරනවා. බුරුල් වෙච්ච ගමන් ආයෙමත් ආකාස ධාතුව හැදිලා මලපහ පිටවෙනවා.

## මුල මැද අග පිරිපුන් ධර්මයක්....

ඊළඟට බුදුරජාණන් වහන්සේ දේශනා කරනවා "**යං වා පනඤ්ඤම්පි කිඤ්චි අජ්ඣත්තං පච්චත්තං ආකාසං ආකාසගතං අඝං අඝගතං විවරං විවරගතං** මීට අමතරව තවත් මේ ශරීරයේ තමා තුළ පවතින, තමාගේ යයි සලකන යම් අවකාශයක්, සිදුරක්, විවරයක් ඇත්ද, **අසම්ඵුට්ඨං මංසලෝහිතේහි** මස් ලේ වලින් සිර නොවුනු තැනක් තවත් ඇත්ද, **අයං වුච්චති භික්ඛු අජ්ඣත්තිකා ආකාසධාතු** භික්ෂුව, මේකට තමයි ආධ්‍යාත්මික ආකාස ධාතුව කියලා කියන්නේ." දැන් බලන්න බුදුරජාණන් වහන්සේගේ ධර්මය තුළ තියෙන්නේ කොච්චර සම්පූර්ණ විස්තරයක් ද මේ ආකාස ධාතුව ගැන.

එක එක්කෙනා වාද කරගන්නවා මේකයි ආකාස ධාතුව... අරකයි ආකාස ධාතුව... කියලා. නමුත් බලන්න බුද්ධ වචනයේ ආකාස ධාතුව ගැන විස්තර වෙන විදිහ. මම මේ පාළිත් එක්කම කියන්නේ, එතකොට ඕන කෙනෙක් දන්නවා මේ බුද්ධ වචනයයි කියලා. ඊටපස්සේ බුදුරජාණන් වහන්සේ වදාළා "ආධ්‍යාත්මික යම් ආකාස ධාතුවක් ඇත්ද, බාහිර යම් ආකාස ධාතුවක් ඇත්ද, **ආකාස ධාතුරේවේසා** ඒ ඔක්කොම එකම ආකාස ධාතුවයි. ඒ නිසා **තං නේතං** මම ඒ ආකාස ධාතුව මගේ නොවේ. **නේසෝහමස්මි** ආකාසධාතුව මම නොවෙමි. **න මේසෝ අත්තාති** ඒ ආකාස ධාතුව මගේ ආත්මය නොවේ කියලා ආකාස ධාතුවේ සැබෑ ස්වභාවය මනාකොට ප්‍රඥාවෙන් දකින්න" කියනවා.

## ආදීනව බොහෝ තිබුනත් මේ කයට මුළාවෙනවා....

දැන් මේ කියපු එකක්වත් තමාගේ වසඟයේ පවත්වන්න බැනේ. පවත්වන්න පුළුවන්නම් ආත්මයක්. මාගේ ආකාස ධාතුව මෙසේ වේවා... මාගේ ආකාස ධාතුව මෙසේ නොවේවා... කියලා පවත්වන්න බෑ. දැන් බලන්න හිතලා හිටපු ගමන් මලපහ කරගන්න බැරුව ඔන්න මලබද්ධය එනවා. ඒ අතරේ වැඩිපුර වායෝ ධාතුව හැදෙනවා. ඒ වාතය උගුරෙන් පිටවෙන්නෙත් නැත්නම්, පසුපසින් යන්නත් බැරිනම් මොකක්ද වෙන්නේ? බඩ කොර වෙන්නෙ නැද්ද? ඇඟට අමාරු වෙන්නෙ නැද්ද? හුස්ම ගන්න අමාරු වෙන්නෙ නැද්ද?

ඊටපස්සේ අපි ගොඩාක් මහන්සි ගන්නේ ඒ හිර වෙලා තියෙන වාතය පිට කරන්නයි. යන්තම් පහසුවක්

ඇතිවෙන්නෙ ඒ වාතය පිට වුනාමයි. ඔන්න බලන්න වායෝ ධාතුවේ ස්වභාවය. ඒ වායුව පිටවෙන්නත් ඉඩක් ඕනෙ. ඉඩක් තිබුනෙ නැත්නම් පිටවෙන්නෙ නෑ. එහෙනම් මේ පඨවි ධාතුව, ආපෝ ධාතුව, තේජෝ ධාතුව, වායෝ ධාතුවට අමතරව ආකාස ධාතුවකුත් තියෙනවා මේ ශරීරයේ. ඊටපස්සේ බුදුරජාණන් වහන්සේ වදාළා මේ විදිහට ආකාස ධාතුවේ යථා ස්වභාවය මනාකොට ප්‍රඥාවෙන් දැක්කොත් **ආකාස ධාතුයා නිබ්බින්දති.** මේ ආකාස ධාතුව කෙරෙහි මම ය මාගේ ය කියලා තමන්ගේ හිතේ තිබ්ච්ච ඇල්ම එපා වෙනවා. **ආකාස ධාතුයා චිත්තං විරාජේති.** එපා වුනාම ඒ කෙරෙහි තියෙන ඇල්ම නැතුව යනවා.

## පිරිසිදු ප්‍රභාෂ්වර විඤ්ඤාණය....

දැන් ඔය ටික දේශනා කරලා ඉවර වෙනකොට පුක්කුසාතිට හොඳට රූපයේ ස්වභාවය වැටහිලා. බුදුරජාණන් වහන්සේ ධාතු කීයක්ද පුරුෂයා කියලා කිව්වේ? ධාතු හයක්. ඒ ධාතු හයෙන් දැන් භාග්‍යවතුන් වහන්සේ කීයක් විස්තර කරලාද? පහක් විස්තර කරලා. මොනවද ඒ පහ? පඨවි ධාතු, ආපෝ ධාතු, තේජෝ ධාතු, වායෝ ධාතු, ආකාස ධාතු. ඊළඟට බුදුරජාණන් වහන්සේ වදාළා "**අථාපරං විඤ්ඤාණං යේව අවසිස්සති පරිසුද්ධං පරියෝදාතං.** දැන් පිරිසිදු ප්‍රභාෂ්වර විඤ්ඤාණය ඉතුරු වෙලා තියෙනවා" කිව්වා.

ඒ පිවිතුරු ප්‍රභාෂ්වර විඤ්ඤාණය ඉතුරු වෙලා කිව්වේ කාගෙද? පුක්කුසාතිගේ. ඇයි, පුක්කුසාති මේ වෙලාවේ රූපය අතඇරලා. දැන් මොකක්ද තියෙන්නේ? දැනීම. "**තේන ච විඤ්ඤාණේන කිං ජානාති.** ඒ

විඤ්ඤාණයෙන් කුමක් දනීද? **සුඛන්ති විජානාති** සැපයත් දනියි. **දුක්ඛන්තිපි විජානාති** දුකත් දැනගනියි. **අදුක්ඛමසුඛන්තිපි විජානාති** අදුක්ඛමසුඛයත් දැනග නියි.” ඔබට මතකද අපි කලින් වතාවක ඛජ්ජනීය සූත්‍රය ඉගෙන ගනිද්දි බුදුරජාණන් වහන්සේ විඤ්ඤාණය අර්ථ දැක්වුවේ කොයි විදිහටද?

## ස්පර්ශ ආයතන හය ගැන විස්තරය....

ලුණු රසත් දැනගනියි කිව්වා. කහට රසත් දැනග නියි කිව්වා. තිත්ත රසත් දැනගනියි කිව්වා. ඇඹුල් රසත් දැනගනියි කිව්වා. මෙතනදි බුදුරජාණන් වහන්සේ විඤ්ඤාණය තෝරන්නෙ කොහොමද? සැපත් දැනග නියි. දුකත් දැනගනියි. අදුක්ඛමසුඛයත් දැනගනියි. දැන් එතකොට බලන්න **ඵස්ස පච්චයා වේදනා** ස්පර්ශයෙන් නේ විඳින්නේ. ස්පර්ශයෙන් විඳිනකොට ඒ විඳීම දැනග න්නේ මොකෙන්ද? විඤ්ඤාණයෙන්. මේකේ බුදුරජාණන් වහන්සේ දේශනා කරනවා “**සුඛවේදනීයං භික්ඛු ඵස්සං පටිච්ච උප්පජ්ජති සුඛා වේදනා.** භික්ෂුව, සැප විඳීම ඇතිකරවන ස්පර්ශය නිසයි සැප විඳීම හටගන්නේ. (ඔන්න දැන් ස්පර්ශ ආයතන ගැනත් කියවෙනවා)

**සෝ සුඛං වේදනං වේදියමානෝ** එයා සැප වේදනාවක් විඳිනකොට **සුඛං වේදනං වේදියාමීති පජානාති.** සැප විඳීමක් විඳිමියි දැනගන්නවා. **තස්සේව සුඛවේදනීයස්ස ඵස්සස්ස නිරෝධා** ඒ සුඛවේදනීය (සැප විඳීම ඇතිකරවන) ස්පර්ශය නිරුද්ධ වීමෙන් **යං තජ්ජං වේදයිතං සුඛවේදනියං ඵස්සං පටිච්ච උප්පන්නා සුඛා වේදනා** සැප සහගත අරමුණක ස්පර්ශයෙන් හටගත්ත යම් සැප විඳීමක් ඇත්ද, **සා නිරුජ්ඣති** ඒක නැතිවෙලා

යනවා, **සා වූපසම්මතීති පජානාති.** ඒක සංසිඳෙනවා කියලා දැනගන්නවා.

## අසිරිමත් දම්රස අමාවන්....

ඊළඟට බුදුරජාණන් වහන්සේ දේශනා කරනවා "**දුක්ඛවේදනීයං භික්ඛු ඵස්සං පටිච්ච උප්පජ්ජති දුක්ඛා වේදනා.** භික්ෂුව, දුක් විඳීම ඇතිකරවන ස්පර්ශය නිසයි දුක් විඳීම හටගන්නේ. **සෝ දුක්ඛං වේදනං වේදියමානෝ** එයා දුක් වේදනාවක් විඳිනකොට **දුක්ඛං වේදනං වේදියාමීති පජානාති.** දුක් විඳීමක් විඳිමියි දැනගන්නවා. **තස්සේව දුක්ඛවේදනීයස්ස ඵස්සස්ස නිරෝධා** ඒ දුක් විඳීම ඇතිකරවන ස්පර්ශය නිරුද්ධ වීමෙන් **යං තජ්ජං වේදයිතං දුක්ඛවේදනියං ඵස්සං පටිච්ච උප්පන්නා දුක්ඛා වේදනා** දුක් සහගත අරමුණක ස්පර්ශයෙන් හටගත්ත යම් දුක් විඳීමක් ඇත්ද, **සා නිරුජ්ඣති** ඒක නැතිවෙලා යනවා, **සා වූපසම්මතීති පජානාති.** ඒක සංසිඳෙනවා කියලා දැනගන්නවා.

ඊළඟට දේශනා කරනවා "**අදුක්ඛමසුඛවේදනීයං භික්ඛු ඵස්සං පටිච්ච උප්පජ්ජති අදුක්ඛමසුඛා වේදනා.** භික්ෂුව, උපේක්ෂා විඳීම ඇතිකරවන ස්පර්ශය නිසයි උපේක්ෂා විඳීම හටගන්නේ. **සෝ අදුක්ඛමසුඛං වේදනං වේදියමානෝ** එයා උපේක්ෂා වේදනාවක් විඳිනකොට **අදුක්ඛමසුඛං වේදනං වේදියාමීති පජානාති.** උපේක්ෂා විඳීමක් විඳිමියි දැනගන්නවා. **තස්සේව අදුක්ඛමසුඛවේදනීයස්ස ඵස්සස්ස නිරෝධා** ඒ උපේක්ෂා විඳීම ඇතිකරවන ස්පර්ශය නිරුද්ධ වීමෙන් **යං තජ්ජං වේදයිතං අදුක්ඛමසුඛවේදනියං ඵස්සං පටිච්ච උප්පන්නා අදුක්ඛමසුඛා වේදනා** උපේක්ෂා සහගත අරමුණක

ස්පර්ශයෙන් හටගත්ත යම් උපේක්ෂා විඳීමක් ඇත්ද, **සා නිරුජ්ඣති** ඒක නැතිවෙලා යනවා, **සා වූපසම්මතීති පජානාති.** ඒක සංසිඳෙනවා කියලා දැනගන්නවා.

## ස්පර්ශය ප්‍රත්‍යයෙන් හටගන්නා විඳීම....

එතකොට අපට සැපයක් ඇතිවුනොත් ඒ සැපයට හේතුවෙන්නේ මොකක්ද? සැප අරමුණක් ස්පර්ශ වීම. අපිට දුකක් ඇතිවුනොත් ඒ දුකට හේතුවෙන්නේ මොකක්ද? දුක් සහගත අරමුණක් ස්පර්ශවීම. අපට උපේක්ෂාවක් ඇතිවුනොත් ඒකට හේතුව මොකක්ද? උපේක්ෂා සහගත අරමුණක් ස්පර්ශ වීම. ඒ ඇතිවෙන සැප විඳීම නැතිවෙනවා නම් නැතිවෙන්නේ ඇයි? සැප සහගත ස්පර්ශය නැතිවීමෙන්. දුක් විඳීම නැතිවෙනවා නම් නැතිවෙන්නේ කොහොමද? දුක් සහගත ස්පර්ශය නැතිවීමෙන්. උපේක්ෂාව නැතිවෙනවා නම් නැතිවෙන්නේ කොහොමද? උපේක්ෂා සහගත ස්පර්ශය නැතිවීමෙන්.

බුදුරජාණන් වහන්සේ මේක තේරුම් ගැනීමට උපමාවක් දේශනා කරනවා "භික්ෂුව, වේලිච්ච දරකෑලි දෙකක් එකට අතුල්ලද්දි **උස්මා ජායති.** රස්නෙ උපදිනවා. **තේජෝ අභිනිබ්බත්තති.** ගින්දර හටගන්නවා. ඒ දරකෑලි දෙක වෙන් කළාට පස්සේ අර එකට අතුල්ලද්දි හටගත්ත රස්නෙ නැතිවෙලා යනවා. සංසිඳිලා යනවා" අපි ගත්තොත් මේ කාලේ ගිනි අවුලන්නේ ගිනි පෙට්ටියෙන්නේ. ඔන්න ගිනි පෙට්ටියක් තියෙනවා. ඒකෙන් ගිනිකූරකුත් ගන්නවා. දැන් ගිනිපෙට්ටියයි ගිනිකූරයි වෙන් වෙලා තියෙද්දි ගින්දර හටගන්නවද? නෑ. ඒ දෙක තදින් ස්පර්ශ වෙන්න ඕනෙ. ස්පර්ශ වුනාම තමයි ගින්දර හටගන්නේ.

## පිරිසිදු උපේක්ෂාව පමණක් ඉතුරු වෙනවා....

ඒ වගේ ඉස්සර කාලේ වේලිච්ච ලී කෑලි දෙකක් එකට අතුල්ලලා තමයි ගිනි අවුලවගත්තේ. මේකේ කියනවා ඒ විදිහට එකට අතුල්ලද්දි රස්නයක් හටගන්නවා. ඒ රස්නයත් එක්ක ගින්දර හටගන්නවා. මේ ලී කෑලි දෙකේ රස්නෙ හටගන්නකොට ම ඒ ලීකෑලි දෙක ඈත් කළොත් මොකක්ද වෙන්නේ ඒ රස්නෙට? නිවිලා යනවා. ඒ වගේ තමයි සැප විඳීමක් හටගන්න දෙයක් ඇහෙන් ස්පර්ශ වෙලා තියෙනකම් එයා සැපය විඳිනවා. සැප විඳීම හටගන්න දේ නැති වෙච්ච ගමන් ඒ සැපය නැතුව යනවා.

දුක් විඳීමක් හටගන්න දෙයක් ඇහෙන් ස්පර්ශ වෙලා තියෙනකම් ඒ දුක විඳිනවා. ඒ ස්පර්ශය නැතිවෙච්ච ගමන් ඒ දුක නැතිවෙලා යනවා. උපේක්ෂා සහගත දෙයක් ස්පර්ශ වෙලා තියෙනකම් එයා උපේක්ෂාව විඳිනවා. ඒ ස්පර්ශය නැතිවුනාට පස්සේ ඒ උපේක්ෂාවත් නැතිවෙලා යනවා. සැප විඳීමක් ඇතිවෙනකොට අපි ඒකට ඇලෙනවා. දුක් විඳීමක් ඇතිවෙනකොට අපි ඒකට ගැටෙනවා. බුදුරජාණන් වහන්සේ ඊළඟට දේශනා කරනවා මේ ස්වභාවය සංසිඳිලා ගියාම **අථාපරං උපෙක්ඛායේව අවසිස්සති පරිසුද්ධා පරියෝදාතා.** ඊටපස්සේ ඉතුරු වෙන්නේ පිරිසිදු උපේක්ෂාවයි කියනවා.

## කෝවේ දාලා පිරිසිදු කරපු රත්තරන් වගේ....

යම්කිසි කෙනෙක් සැප විඳීම හටගන්නේ සැප සහගත ස්පර්ශයෙන්. දුක් විඳීම හටගන්නේ දුක් සහගත

ස්පර්ශයෙන්. අදුක්ඛමසුඛ විඳීම හටගන්නේ අදුක්ඛමසුඛ ස්පර්ශයෙන්. ඒ විඳීම් නැතිවෙන්නේ ඊට අදාළ ස්පර්ශය නැතිවීමෙන් කියලා මේ ස්පර්ශයේ අනිත්‍ය හොඳින් මෙනෙහි කර කර, මෙනෙහි කර කර නුවණින් දැක්කොත් එතකොට හිත උපේක්ෂාවට පත්වෙනවා. **පරිසුද්ධා පරියෝදාතා.** ඒ උපේක්ෂාව පිරිසිදුයි. **මුදු ච** මෘදුයි. **පභස්සරා ච** ප්‍රභාෂ්වරයි. **කම්මඤ්ඤා ච** ඒ උපේක්ෂාව කර්මණ්‍යයි. කර්මණ්‍යයි කියන්නේ වැඩකට සුදුසුයි, ක්‍රියාවට යොදවන්න පුළුවන් කියන එක.

බුදුරජාණන් වහන්සේ උපමාවක් දේශනා කරනවා. "භික්ෂුව, ඒක මේ වගේ දෙයක්. දක්ෂ රන්කරුවෙක් හෝ රන්කරුවෙකුගේ අතවැසියෙක් ඉන්නවා. එයා කෝවක් බැඳලා අඬුවෙන් රත්තරන් අරගෙන අර කෝවට දානවා. කෝවේ දාලා ගින්දරෙන් පිඹිනවා. ඊටපස්සේ වතුර ඉහිනවා. ආයෙත් රත් කරනවා. ආයෙත් වතුර ඉහලා නිවනවා. ඔය විදිහට මාරුවෙන් මාරුවට කරනවා. එහෙම කරන්න කරන්න අර රත්තරන් වල තිබ්බ්ච රොඩු ටික ඔක්කොම අයින් වෙලා ඒ රත්තරන පිරිසිදු ප්‍රභාෂ්වර මෘදු කර්මණ්‍ය දෙයක් බවට පත්වෙනවා. ඊටපස්සේ ඒ රන්කරුවාට මේ රත්තරන් වලින් තමන් කැමති කැමති ආභරණ නිර්මාණය කරන්න පුළුවන්" කියනවා.

## උපේක්ෂා සම්බොජ්ඣංගය....

අන්න ඒ වගේ අර කලින් කියපු විදිහට විදර්ශනා සම්ප්‍රයුක්ත ප්‍රඥාවෙන් බැලීම නිසා පිරිසිදු වූ ප්‍රභාෂ්වර වූ මෘදු වූ කර්මණ්‍ය වූ උපේක්ෂාව පමණක් ඉතුරු වෙනවා. මේ කියන්නේ උපේක්ෂා සම්බොජ්ඣංගය ගැනයි. අවබෝධයට සුදුසු හැටියට උපේක්ෂාව තියෙනවා. (කලින් පුක්කුසාති රජගහ නුවරට එන්න ඉස්සෙල්ලා

හතරවෙනි ධ්‍යානය දක්වා රූප සමාධිය දියුණු කරගෙ නයි හිටියේ. එතකොට රූප සමාධිය මුල් කරගත්තු ධාතු වල භාවනාව ගැන විස්තර කළහම ඔන්න රූපය ගැන ඇල්ම නැතුව ගියා. ඊටපස්සේ විස්තර කරනවා අරූපය)

බුදුරජාණන් වහන්සේ දේශනා කරනවා දැන් එයා මේ විදිහට දැනගන්නවා. 'මම මේ පිරිසිදු වූ ප්‍රභාෂ්වර වූ උපේක්ෂාවෙන් ආකාසානඤ්චායතන සමාධියට හිත පත්කරගත්තොත්, ඒ අනුව ම සිතත් වැඩුවොත්, මෙසේ මාගේ උපේක්ෂාව එය ඇසුරු කරගෙන, එය උපාදාන කරගෙන බොහෝ කාලයක් පවතීවි. මම මේ පිරිසිදු වූ ප්‍රභාෂ්වර වූ උපේක්ෂාවෙන් විඤ්ඤාණඤ්චායතන සමාධියට හිත පත්කරගත්තොත්, ඒ අනුව ම සිතත් වැඩුවොත්, මෙසේ මාගේ උපේක්ෂාව එය ඇසුරු කරගෙන, එය උපාදාන කරගෙන බොහෝ කාලයක් පවතීවි.

## අරූප ධ්‍යාන වල සිත බැසගන්නෙත් නෑ....

මම මේ පිරිසිදු වූ ප්‍රභාෂ්වර වූ උපේක්ෂාවෙන් ආකිඤ්චඤ්ඤායතන සමාධියට හිත පත්කරගත්තොත්, ඒ අනුව ම සිතත් වැඩුවොත්, මෙසේ මාගේ උපේක්ෂාව එය ඇසුරු කරගෙන, එය උපාදාන කරගෙන බොහෝ කාලයක් පවතීවි. මම මේ පිරිසිදු වූ ප්‍රභාෂ්වර වූ උපේක්ෂාවෙන් නේවසඤ්ඤානාසඤ්ඤායතන සමාධියට හිත පත්කරගත්තොත්, ඒ අනුව ම සිතත් වැඩුවොත්, මෙසේ මාගේ උපේක්ෂාව එය ඇසුරු කරගෙන, එය උපාදාන කරගෙන බොහෝ කාලයක් පවතීවි' කියලා.

ඊටපස්සේ බුදුරජාණන් වහන්සේ දේශනා කරනවා එයා මේ විදිහටත් දැනග

න්නවා. 'ආකාසානඤ්චායතනයේ වේවා විඤ්ඤාණඤ්චායතනයේ වේවා ආකිඤ්චඤ්ඤායතනයේ වේවා නේවසඤ්ඤානාසඤ්ඤායතනයේ වේවා මොන සමාධියක හිටියත් මේ හැම එකක් ම සංඛතයක් (සකස් වෙච්ච දෙයක්), මේක හිතෙන්ම සකස් කරපු දෙයක්' කියලා. එහෙම හිතලා එයා භවයට අයිති, විභවයට අයිති හැම දෙයක්ම සකස් නොකර අත්හරිනවා.

## ලෝකයේ කිසිවක් ග්‍රහණය කරගන්නේ නෑ....

**සො අනභිසංඛරොන්තො අනභිසඤ්චේතයන්තො භවාය වා විභවාය වා න කිඤ්චි ලෝකේ උපාදියති.** එයා මේ ලෝකයේ කිසිවක් ග්‍රහණය කරගන්නේ නෑ. **අනුපාදියං න පරිතස්සති.** අල්ලා නොගෙන අතඇරියට පස්සේ කම්පා වෙන්න කිසි දෙයක් නෑ. **අපරිතස්සං පච්චත්තං යේව පරිනිබ්බායති.** කම්පා නොවන නිසා තමා තුළ ම පිරිනිවී යනවා. **ඛීණා ජාති** ඉපදීම ක්ෂය වුනා. බඹසර ජීවිතය සම්පූර්ණ වුනා. කළයුතු සියල්ල කොට අවසන් වුනා. තමන්ට නිවන පිණිස කළයුතු වෙනත් දෙයක් නෑ කියලා දැනගන්නවා.

ඊටපස්සේ එයා සැප විඳීමක් විඳිනකොටත් දැනගන්නවා මේක අනිත්‍යයි කියලා. දුක් විඳීමක් විඳිනකොටත් දැනගන්නවා මේක අනිත්‍යයි කියලා. උපේක්ෂා විඳීමක් විඳිනකොටත් දැනගන්නවා මේක අනිත්‍යයි කියලා. **අනජ්ඣෝසිතාති පජානාති.** ඒ කිසි විඳීමක හිත බැසගන්නේ නෑ කියලත් දැනගන්නවා. **අනභිනන්දිතාති පජානාති.** ඒ කිසිම විඳීමක් සතුටින් පිළිගන්නේ නෑ කියලත් දැනගන්නවා. එයා සැප විඳිනවා. නමුත් ඒකත්

එක්ක එකතු වෙලා නෑ. එයා දුක් විඳිනවා. නමුත් ඒකත් එක්ක එකතු වෙලා නෑ. එයා උපේක්ෂාව විඳිනවා. නමුත් ඒකත් එක්ක එකතු වෙලා නෑ.

## තෙලුත් වැටිත් නිසා දැල්වෙන පහනක් වගේ....

ශරීරය පවතිනකම් විඳින විඳීමක් විඳිනකොට මම මේ විඳින්නේ ශරීරය පවතිනකම් විඳින විඳීමක් කියලා දැනගන්නවා. ජීවිතය පවතිනකම් විඳින විඳීමක් විඳිනකොට මම මේ විඳින්නේ ජීවිතය පවතිනකම් විඳින විඳීමක් කියලා දැනගන්නවා. කය බිඳී මරණයට පත්වීමෙන්, ජීවිතය අවසන් වීමෙන් සතුටින් නොපිළිගත් මේ හැම විඳීමක් ම මෙහිදීම සිසිල් වෙලා යනවා කියලත් දැනගන්නවා. බුදුරජාණන් වහන්සේ දේශනා කරනවා " භික්ෂුව, ඒක හරියට මේ වගේ දෙයක්. තෙලුත් වැටිත් නිසා දැල්වෙන පහනක් තියෙනවා. තෙලුත් තියෙනකම්, වැටිත් තියෙනකම් ඒ පහන දැල්වී දැල්වී තියෙනවා. යම් දවසක තෙලුත් වැටිත් අවසන් වෙනවද, එදාට ඒ පහන නිවිලා යනවා. මේකත් අන්න ඒ වගේ" කියනවා.

ඊටපස්සේ උන්වහන්සේ දේශනා කරනවා " මේ විදිහට නුවණින් දකින භික්ෂුව උතුම් වූ ප්‍රඥා අධිෂ්ඨානයෙන් යුක්ත කෙනෙක්. සියලු දුක් ක්ෂය කරන ඒ ප්‍රඥාවට තමයි ආර්ය ප්‍රඥාව කියන්නේ" ඊටපස්සේ බුදුරජාණන් වහන්සේ දේශනා කරනවා යමක් අනිත්‍ය නම් අනිත්‍ය වූ හැම දෙයක් ම බොරුවක්. බොරුවක ස්වභාවය තමයි මෝසධම්මං හිස් බව. යම් විමුක්තියක් ඇත්ද, ඒක තියෙන්නේ සත්‍යයේ පිහිටලා. ඒකේ ස්වභාවය තමයි අකුප්පා වෙනස් වෙන්නේ නෑ. විමුක්තිය කියන

එක වෙනස් වෙන්නේ නෑ. අනිත් හැම එකක් ම වෙනස් වෙනවා. මේ විදිහට නුවණින් දකින භික්ෂුව උතුම් වූ සත්‍ය අධිෂ්ඨානයෙන් යුක්ත වෙනවා. භික්ෂුව, වෙනස් නොවන ස්වභාවයෙන් යුතු යම් නිවනක් ඇත්ද, මේක තමයි පරම ආර්ය සත්‍යය" කියනවා.

## සියලු කෙලෙස් අත්හැරීම....

ඊළඟට ත්‍යාග අධිෂ්ඨානය. **චාගමනුබ්‍රෑහයේ.** ත්‍යාගය පුරුදු කරන්න කියනවා. "එයා ඉස්සර අවිද්‍යාවෙන් යුක්තව සිටිද්දී, එයා තුළ යම් කෙලෙස් සහිත කර්ම තිබුනා නම් ඒ ඔක්කොම එයා අත්හැරලයි තියෙන්නේ. ප්‍රහාණය කරලයි තියෙන්නේ. මුලින්ම සිඳලයි තියෙන්නේ. නැවත නූපදින ස්වභාවයට පත්කරලයි තියෙන්නේ. අන්න ඒ භික්ෂුව උතුම් වූ ත්‍යාග අධිෂ්ඨානයෙන් යුක්ත කෙනෙක්. භික්ෂුව, ආර්ය ත්‍යාගය කියන්නේ සියලු කෙලෙස් අත්හැරීමටයි" කියනවා.

ඊළඟට බුදුරජාණන් වහන්සේ දේශනා කරනවා "ඉස්සර අවිද්‍යාවෙන් යුක්තව සිටිද්දී, තමන් තුළ තිබ්ච්ච රාග, ද්වේශ, මෝහ ඔක්කොම ඒ භික්ෂුව ප්‍රහාණය කරලයි තියෙන්නේ. මුලින්ම සිඳලයි තියෙන්නේ. නැවත නූපදින ස්වභාවයට පත්කරලයි තියෙන්නේ. අන්න ඒ භික්ෂුව උතුම් වූ උපසම අධිෂ්ඨානයෙන් යුක්ත කෙනෙක්. භික්ෂුව, ආර්ය වූ සංසිඳීම කියන්නේ මේ රාග ද්වේශ මෝහයන්ගේ සංසිඳීමටයි" කියනවා. **සන්තිමේව සෝ සික්ඛෙය්‍ය** සංසිඳීම ම හික්මෙන්න කියලා කියන්නේ අන්න ඒකටයි.

## අවිද්‍යා සහගත හැඟීම්....

ඊළඟට බුදුරජාණන් වහන්සේ අවසාන කාරණය

විස්තර කරනවා. "යම් අධිෂ්ඨානයක් තුළ ඉන්න කෙනෙකුට තෘෂ්ණාසහගත හැඟීම් ඇතිවෙන්නේ නෑ. තෘෂ්ණාසහගත හැඟීම් නොපවත්වන මුනිවරයාට තමයි ශාන්ත වූ තැනැත්තා කියලා කියන්නේ' කියලා යම් ප්‍රකාශයක් කළාද, එම ප්‍රකාශය කරන ලද්දේ කුමක් පිණිසද?

භික්ෂුව, 'වෙමි'යි යන මෙය අවිද්‍යා සහගත හැඟීමක්. 'මෙය මම වෙමි'යි යන මෙයත් අවිද්‍යා සහගත හැඟීමක්. 'අනාගතයේ වන්නේය' යන මෙයත් අවිද්‍යා සහගත හැඟීමක්. 'අනාගතයේ නොවන්නේය' යන මෙයත් අවිද්‍යා සහගත හැඟීමක්. 'රූපී වන්නේය' යන මෙයත් අවිද්‍යා සහගත හැඟීමක්. 'රූප රහිත වන්නේය' යන මෙයත් අවිද්‍යා සහගත හැඟීමක්. 'සඤ්ඤී වන්නේය' යන මෙයත් අවිද්‍යා සහගත හැඟීමක්. 'සඤ්ඤා රහිත වන්නේය' යන මෙයත් අවිද්‍යා සහගත හැඟීමක්. 'නේවසඤ්ඤානාසඤ්ඤී වන්නේය' යන මෙයත් අවිද්‍යා සහගත හැඟීමක්.

## ශාන්ත වූ මුනිවරයා....

ඒ හැඟීම රෝගයක්. ඒ හැඟීම ගඩුවක්. ඒ හැඟීම හුලක්. ඒ සියලු හැඟීම් ඉක්මවා ගිය මුනිවරයා තමයි ශාන්ත වූ තැනැත්තා කියන්නේ. ඒ ශාන්ත වූ අරහත් භික්ෂුව උපදින්නේ නෑ. දිරන්නේ නෑ. මියයන්නේ නෑ. කෙලෙස් නිසා ඇවිස්සෙන්නේ නෑ. වෙහෙසෙන්නේ නෑ. යම් හේතුවකින් උපදිනවා නම්, ඒ හේතුව ඔහුට නැත්නම්, නූපදින කල්හි දිරන්න මොකක්ද තියෙන්නේ? නොදිරන කල්හි මැරෙන්න මොකක්ද තියෙන්නේ? නොමැරෙන කල්හි අසවල් දේකට ඇවිස්සෙන්නද? නොඇවිස්සෙන කල්හි අසවල් දේකට වෙහෙසෙන්නද?

භික්ෂුව, මා විසින් හකුළුවා ප්‍රකාශ කළ මේ සය වැදෑරුම් ධාතු විභංගය (ධාතු ස්වභාවයන් පිළිබඳ විග්‍රහය) හොඳට මතක තබාගන්න" කියනවා. මේ විදිහට දේශනා කරලා අවසන් වෙනකොට පුක්කුසාති අනාගාමී ඵලයට පත්වෙනවා. අනාගාමී ඵලයට පත්වෙච්ච ගමන් පුක්කුසාති කල්පනා කරනවා "**සත්ථා කිර මේ අනුප්පත්තෝ** හප්පේ... මේ වැඩලා ඉන්නේ මාගේ ශාස්තෘන් වහන්සේ නොවැ... **සුගතෝ කිර මේ අනුප්පත්තෝ** මේ වැඩලා ඉන්නේ මාගේ සුගතයන් වහන්සේ නොවැ.

## ස්වාමීනී, මට සමාවෙන්න....

**සම්මා සම්බුද්ධෝ කිර මේ අනුප්පත්තෝ** මේ වැඩලා ඉන්නේ මාගේ සම්මා සම්බුදු රජාණන් වහන්සේ නොවැ" කියලා එවෙලෙම නැගිටලා සිවුර ඒකාංශ කරගෙන පොරවලා බුදුරජාණන් වහන්සේගේ සිරිපතුල් ළඟ වැඳ වැටිලා කියනවා 'ස්වාමීනී භාග්‍යවතුන් වහන්ස, අනේ මට සමාවෙන්න. මං මෝඩයෙක් වගේ, බාලයෙක් වගේ භාග්‍යවතුන් වහන්සේට ඇවැත්නි කියලා කිව්වා. අනේ මට සමාවෙන්න කියලා වැඳවැටුනා. ඉතින් භාග්‍යවතුන් වහන්සේ පුක්කුසාතිට සමාව දුන්නා.

ඊටපස්සේ පුක්කුසාති කියනවා 'අනේ භාග්‍යවතුන් වහන්ස, මට භාග්‍යවතුන් වහන්සේ ළඟ පැවිදි උපසම්පදාව ලබාගන්න ඕනෙ' කියලා. එතකොට බුදුරජාණන් වහන්සේ අහනවා 'භික්ෂුව, ඔබේ පාත්‍රා සිවුරු සම්පූර්ණද?' 'අනේ ස්වාමීනී, පාත්‍ර සිවුරු නම් සම්පූර්ණ නෑ' කියනවා. 'භික්ෂුව තථාගතයන් වහන්සේලා පාත්‍ර සිවුරු සම්පූර්ණ නැති අය උපසම්පදා කරන්නේ නෑ'. එතකොට පුක්කුසාති බුදුරජාණන් වහන්සේට වන්දනා කරලා පාත්‍ර සිවුරු හොයන්න පිටත් වුනා.

## ඒහිභික්ෂු පැවිදි උපසම්පදාව....

බුදුරජාණන් වහන්සේ සමහර කෙනෙක්ට 'භික්ෂුව, මෙහෙ එන්න...' කියලා කතා කරහම පාත්තර සිවුරුත් ලැබිලා, පැවිදි උපසම්පදාවත් ලැබෙනවනේ. ඇයි පුක්කුසාතිට එහෙම වුනේ නැත්තේ? පුක්කුසාති මේ ආත්මේ රහත් වෙන්නේ නෑ. ඒකයි. අනාගාමී ඵලය විතරයි. ඒ ආත්මෙම රහත් ඵලයට පත්වෙන අයට විතරයි ඒහිභික්ෂු පැවිදි උපසම්පදාව තියෙන්නේ. පුක්කුසාතිට රහත් ඵලයට පත්වෙන්න තරම් පින නෑ. අනාගාමී ඵලයට විතරයි. රහත් වෙන්නේ මෙහේදි නෙමෙයි බ්‍රහ්මලෝකෙදි.

පුක්කුසාති භාග්‍යවතුන් වහන්සේට වන්දනා කරලා පාත්‍ර සිවුරු හොයන්න පිටත් වුනා. දැන් පුක්කුසාති රජගහ නුවරට වැඩියා කියලා බිම්බිසාර රජ්ජුරුවෝ දන්නවද? නෑ. කවුරුවත් දන්නෙ නෑ. එකම එක්කෙනයි දන්නේ. බුදුරජාණන් වහන්සේ විතරයි. බුදුරජාණන් වහන්සේ රජගහ නුවරට වැඩියා කියලත් කවුරුත් දන්නෙ නෑ. බුදුරජාණන් වහන්සේ එළියට වඩිද්දි රැස් විහිදුනා. රැස් විහිදිච්ච ගමන් මිනිස්සු දැනගත්තා ආන්න භාග්‍යවතුන් වහන්සේ වැඩලා කියලා. බිම්බිසාර රජ්ජුරුවන්ටත් ආරංචි වුනා භාග්‍යවතුන් වහන්සේ වැඩලා කියලා.

## පුක්කුසාතිගේ ආයුෂ ඉවරයි....

බිම්බිසාර රජ්ජුරුවෝ භාග්‍යවතුන් වහන්සේව බැහැදකින්න ගියා. ගියාට පස්සේ බුදුරජාණන් වහන්සේ පුක්කුසාති ගැන විස්තරේ කිව්වා. බිම්බිසාර රජ්ජුරුවොත් ඒ විස්තරේ අහලා බොහොම සතුටට පත්වෙලා බුදුරජාණන් වහන්සේට වන්දනා කරලා පිටත් වුනා.

ඊටපස්සේ බුදුරජාණන් වහන්සේ එතන නෑ. සැවැත් නුවර වැඩලා. බිම්බිසාර රජ්ජුරුවොත් 'මාගේ මිත්‍රයා කොහෙදෑ ගියේ..?' කියලා හොයන්න පටන් ගත්තා. පුක්කුසාති කල්පනා කළා 'මං මේ ජනාකීර්ණ පරිසර වලට යන්න ඕනෙ නෑ. මම කැලෑව පැත්තේ සොහොනට ගිහිල්ලා සිවුරකට රෙදි කෑලි හොයාගන්න ඕනෙ' කියලා.

බුදුරජාණන් වහන්සේ දන්නවා එයාගේ ආයුෂ ඉවරයි කියලා. උන්වහන්සේ ඉර්ධියෙන් සැවැත් නුවරට වැඩියා. පුක්කුසාති ගිහිල්ලා රෙදි හොයද්දි යක්ෂණියක් ආවේශ වෙච්ච ගව දෙනක් ඇවිල්ලා පුක්කුසාතිට ඇන්නා. මුනින් අතට වැටිලා එතනම අපවත් වෙලා අවිහ කියන සුද්ධාවාස බ්‍රහ්ම ලෝකෙ උපන්නා. සුද්ධාවාස බ්‍රහ්ම ලෝකෙ උපන්න සැණින් පිරිනිවන් පෑවා. බිම්බිසාර රජ්ජුරුවෝ දැක්කා තමන්ගේ මිත්‍රයා මහපාරේ මුනින් අතට වැටිලා ඉන්නවා. රජගහ නුවරට ආවට කතාබස් කරන්නවත් අවස්ථාවක් ලැබුනේ නෑ.

## ස්වාමීනී, පුක්කුසාති උපන්නේ කොහේද...?

බිම්බිසාර රජ්ජුරුවෝ දන්නෙ නෑ මේ වෙද්දි මාර්ගඵල අවබෝධයක් ඇතුවයි මෙයා ඉන්නේ කියලා. බිම්බිසාර රජ්ජුරුවෝ ඒ දේහය අරගෙන ගිහින් හෝදලා රජ ඇඳුම් ඇන්දුවා. අන්දලා සඳුන් දර සෑයක දැව්වා. දවලා ස්ථූපයක් හැදුවා. ඊටපස්සේ භික්ෂූන් වහන්සේලාටත් මේ සිද්ධිය ආරංචි වෙලා බුදුරජාණන් වහන්සේ ළඟට ගිහිල්ලා ඇහුවා 'භාග්‍යවතුන් වහන්ස, භාග්‍යවතුන් වහන්සේ සමග පුක්කුසාති කියලා කුලපුත්‍රයෙක් ධර්ම කථාවක් කරලා තියෙනවා. ඒ කෙනා මිය ගිහින්. භාග්‍යවතුන් වහන්ස, එයා උපන්නේ කොහෙද?' කියලා ඇහුවා.

එතකොට භාග්‍යවතුන් වහන්සේ වදාළා 'මහණෙනි, පුක්කුසාති කුලපුත්‍රයා ඥාණවන්තයි. දහම් කරුණු අරභයා මාව මහන්සි කෙරුවේ නෑ. පුක්කුසාති කුලපුත්‍රයා ඕරම්භාගිය සංයෝජන පහම ප්‍රහාණය කරලා අවිහ බ්‍රහ්ම ලෝකෙ ඕපපාතිකව උපන්නා. එහිදී උපන්න සැණින් පිරිනිවන් පෑවා' කිව්වා. එතකොට බලන්න බුදුරජාණන් වහන්සේගේ ඒ දේශනාව ධාතුවිභංග සූත්‍රය ප්‍රතිඵල සහිත ද නැද්ද? ඇයි ඒ කියාපු ධර්මය, අහගෙන හිටපු කෙනා අවබෝධ කළා. මේවා නිකම්ම නිකම් හිස් කථාවල් නෙමෙයි. කියන්නන් වාලේ කියපු දේවල් නෙමෙයි. කල්ප ගණන් සසරේ ආපු අයව සසරෙන් එතෙර කරවපු ධර්මයක්.

## පෙර ආත්මවල ධර්මය පුරුදු කරලා තිබීමේ වාසිය....

බලන්න පුක්කුසාතිගේ ජීවිතේ. එයා රජ කෙනෙක්. සියල්ල අතඇරලා ධර්මය හොයාගෙන එළියට බැහැලා ගියපු එක්කෙනෙක්. රජගහ නුවරට ඇවිදින් බුදුරජාණන් වහන්සේ නැති නිසා ආයෙමත් සැවැත් නුවර යන්නයි ලෑස්ති වුනේ. බුදුරජාණන් වහන්සේ දැක්කා සැවැත් නුවරට එන්න බෑ එයාට. එච්චර ආයුෂ නෑ. ඒ ටික කාලෙදි එයාට ප්‍රයෝජනවත් වුනා පෙර ජීවිත වල ප්‍රඥාව දියුණු කරලා තිබීම. ඔන්න බලන්න එතකොට මේ ධාතු මනසිකාරය පෙර ආත්මවල පුරුදු කරලා තිබීමේ වාසිය. පෙර ආත්මවල ස්කන්ධ වශයෙන් ධාතු වශයෙන් ආයතන වශයෙන් විදර්ශනාව පුරුදු කරලා තිබීමේ වාසනා මහිමය.

ඒ විදිහට පුරුදු කරලා නොතිබ්බා නම් මෙහෙම වෙන්නෙ නෑ. මොකක් හරි කර්මානුරූප විපාකයක් හැටියට මෙයාගේ ආයුෂ කෙටි වුනා. නමුත් ලැබුනු මනුස්ස ජීවිතේ නිෂ්ඵල වුනේ නෑ. බලන්න පින තියෙන කෙනා හිටියේ කොහෙද? තක්සිලාවේ. අවබෝධ කළේ කොහෙද? රජගහ නුවර. පිරිනිවන් පෑවේ කොහෙද? අවිහ බ්‍රහ්මලෝකෙ. බලන්න මේ ධර්මයෙන් මනුස්සයාව කොච්චර දුර ගෙනිච්චද කියලා. අධර්මයෙන් සත්වයාව සතර අපායට ගෙනියනවා. ධර්මයෙන් සත්වයාව සුගතියට ගෙනියනවා. නිවනට ගෙනියනවා. ඒ නිසා අපටත් මේ ධර්මය පුරුදු කරගෙන, මේ ධර්මයේ පිළිසරණ ලබන්ට වාසනාව ලැබේවා!

**සාදු! සාදු!! සාදු!!!**

නමෝ තස්ස භගවතෝ අරහතෝ සම්මාසම්බුද්ධස්ස
**ඒ භාග්‍යවත් අර්හත් සම්මා සම්බුදුරජාණන් වහන්සේට නමස්කාර වේවා!**

# 02.
# සවස් වරුවේ ධර්ම දේශනය

## ශ්‍රද්ධාවන්ත පින්වත්නි,

අද උදේ වරුවේ අපි ඉගෙන ගත්තේ ධාතුවිභංග සූත්‍රය. බුදුරජාණන් වහන්සේ පුක්කුසාති නමැති නවක පැවිද්දාට ඒ මොහොතේම අවබෝධ වීම පිණිස වදාළ විදර්ශනා ප්‍රතිසංයුක්ත ධර්ම දේශනාව. දැන් මේ හවස් වරුවේ අපි ඉගෙන ගන්නේ චූළ කම්මවිභංග සූත්‍රය. බුදුරජාණන් වහන්සේ මේ දේශනාව වදාළේ සුභ කියලා තරුණ සිටුපුත්‍රයෙකුට. සැවැත් නුවරට ආසන්නයේ බමුණු ගමක් තිබුනා තුදු කියලා. ඒ බමුණු ගමේ හිටිය ප්‍රධානියා තමයි තෝදෙය්‍ය කියන බ්‍රාහ්මණයා. මේ බ්‍රාහ්මණයා ශ්‍රමණයින්ට විරුද්ධයි.

මොකද හේතුව, බ්‍රාහ්මණ ධර්මයේ උගන්වන්නේ 'ලෝකයේ මැවුම්කාරයෙක් ඉන්නවා. ඒ මැවුම්කාරයාට කියන්නේ මහා බ්‍රහ්මයා කියලා. ඒ මහා බ්‍රහ්මයා තමයි

මේ සත්වයාව එක එක කුල වලට බෙදලා තියෙන්නේ. බමුණන්ව මවලා තියෙන්නේ මහා බ්‍රහ්මයාගේ කටින්. ක්ෂත්‍රිය වංශයේ අය මවලා තියෙන්නේ මහා බ්‍රහ්මයාගේ බාහුවලින්. ගොවිතැන්බත් කරමින් ව්‍යාපාර කරමින් වාසය කරන වෛශ්‍ය කුලයේ අය මවලා තියෙන්නේ මහා බ්‍රහ්මයාගේ කලවෙන්. දාසකාරකාදීන් මවලා තියෙන්නේ මහා බ්‍රහ්මයාගේ යටිපතුලෙන්' කියලනේ.

## මේ ආත්මේ සිටුවරයෙක්... ඊළඟ ආත්මේ බල්ලෙක්...

ඉතින් බුදුරජාණන් වහන්සේගේ කාලේ වෙනකොට ඒ බ්‍රාහ්මණ කුලයෙනුත්, රාජ වංශයෙනුත් පැවිදි වුනා ශ්‍රමණ කියලා පිරිසක්. ශ්‍රමණයෝ කියන්නේ අර අග්නිහෝම, ගිනිපූජා ආදිය කරපු පිරිසක් නෙවෙයි. තමන්ම තමන්ගේ විමුක්තිය සොයා ගන්න කැප වෙච්ච පිරිසක්. ඒගොල්ලෝ නිසා පාරම්පරික බ්‍රාහ්මණ ධර්මයට තැනක් නෑ කියලා බමුණෝ සෑහෙන්න විරුද්ධ වුනා. බුදුරජාණන් වහන්සේයි ශ්‍රාවක භික්ෂූන් වහන්සේලායි ඔය ගමේ පිණ්ඩපාතේ වඩින කොට මේ තෝදෙය්‍ය බ්‍රාහ්මණයා උන්වහන්සේලාට හරියට බණිනවා. මේ බ්‍රාහ්මණයා ගොඩාක් ධනය තිබුණ කෙනෙක්. මේ බ්‍රාහ්මණයාට සුභ කියලා පුතෙකුත් හිටියා.

ඉතින් මේ බ්‍රාහ්මණයා කාලයාගේ ඇවෑමෙන් වයසට ගිහින් මැරුණා. මැරිලා ඒ ගෙදරම බලු පැටියෙක් වෙලා උපන්නා. මේ බලු පැටියා හරි ආදරෙයි අර සුභ කියන සිටුපුත්‍රයාට. මහා ධනවත් බ්‍රාහ්මණ පවුලක් නිසා මේ බල්ලටත් ඉතින් විශේෂ සැලකිලි. සුභ නිදාගන්න

යහනේම තමයි මේ බලු පැටියත් ඇවිල්ලා නිදා ගන්නේ. දනුත් ඔය පෝසත් ගෙවල්වල එහෙම තියෙනවා නේද? දවසක් බුදුරජාණන් වහන්සේ දැක්කා මේ සුභ තරුණයාව බේරගන්න පුළුවන් බව. දැකලා පහුවදා උන්වහන්සේ ඒ සිටුමාළිගාව ඉස්සරහින් වැඩියා.

## බලුපැටියා සංවේගයට පත්වුනා....

වඩිනකොට අර බලු කුක්කා උන්වහන්සේව දැකලා බුරන්න පටන් ගත්තා. එතකොට බුදුරජාණන් වහන්සේ නැවතිලා බල්ලා දිහා බලලා බල්ලාට කතා කළා. කතා කළේ අර මැරිච්ච සිටුතුමාගේ නමින්. 'තෝදෙය්‍ය... නුඹ ඉස්සරත් මට බිරුවා... දනුත් බුරනවා නේද..?' කියලා ඇහුවා. කිව්වා. අහනකොටම මේ බල්ලාට පෙර ආත්මේ මතක් වුනා. 'අප්පේ... ශ්‍රමණ ගෞතමයන් මාව අඳුනගත්තා නොවැ' කියලා කම්පා වුනා. ඊටපස්සේ කෙලින්ම ගියා ළිප ළඟට. ගිහිල්ලා අළුගොඩේ වැතිරිලා වකුටු වෙලා ඉන්නවා දැන්.

සුභ ගෙදර ඇවිල්ලා 'කෝ මේ බලුපැටියා...' කියලා ඇහුවා. ඇහුවාම ගෙදර හිටපු සේවකයෝ දවල් වෙච්ච සිද්ධිය කිව්වා. 'අද ශ්‍රමණ ගෞතමයන් වහන්සේ වැඩියා. උන්වහන්සේ ඔබතුමාගේ පියාගේ නමින් මේ බල්ලාට කතා කළා. එවෙලේ ඉඳන් බලු කුක්කා ලිප් බොක්කේ වකුටු වෙලා නිදි' කිව්වා. එතකොට මේ පුතාට කේන්ති ගියා. කේන්ති ගිහිල්ලා කිව්වා 'ශ්‍රමණ ගෞතමයන් වහන්සේ මගේ පියාගේ නමින් මේ බල්ලාට කතා කළා...? එහෙම කොහොමද කතා කරන්නේ...? මගේ පියා මහා බ්‍රහ්මයාට පූජාවල් තිබ්බා. එතුමා දැන් ඉන්නේ බ්‍රහ්ම ලෝකේ...' කිව්වා.

## බොහොම නරකයි කරපු කතාව....

ඊට පස්සේ බල්ලාව අතනින් ගන්න හදනවා හදනවා ගන්න බෑ. සුභ කල්පනා කළා 'හරි... මගේ පියාට කරපු මේ අවනම්බුව මං බලාගන්නං...' කියලා ගියා බුදුරජාණන් වහන්සේ මුණගැහෙන්න. ගිහිල්ලා කිව්වා 'ශ්‍රමණ ගෞතමයන් වහන්ස, බොහොම නරකයි කරපු වැඩේ. හොයන්නෙ බලන්නෙ නැතුව මගේ තාත්තාගේ නමින් අපේ ගෙදර හුරතලේට ඇති කරන බල්ලාට කතා කළේ මොකද..?' කියලා ඇහුවා. එතකොට බුදුරජාණන් වහන්සේ වදාළා 'මාණවකය, කලබල වෙන්ට එපා. මං මේක ඒ බල්ලා ලවාම ඔප්පු කරන්නම්. ඔබේ පියා ඔබට නොදීපු වස්තුව තියෙනවාද?' කියලා ඇහුවා. තියෙනවයි කිව්වා.

ඒ මොනවද කියලා ඇහුවා. 'කහවණු ලක්ෂයක් වටින රත්තරන් මාලයක් තිබුනා. ඒකට වෙච්ච දෙයක් නෑ. රන් මිරිවැඩි සඟලක් තිබුනා. ඒකටත් වෙච්ච දෙයක් නෑ. අපේ පියා බත් අනුභව කළේ රත්තරන් තැටියක. ඒකටත් වෙච්ච දෙයක් නෑ. තව රත්තරන් හැරමිටියකුත් තිබුනා. කොච්චර හෙව්වත් හම්බ වුනේ නෑ...' කිව්වා. 'ආ... ඒ ඔක්කොම හම්බවෙයි. ඔබ ආපහු ගෙදර ගිහිල්ලා දිය නුමුසු කිරිබතක් හදන්න. හදලා බල්ලට හොඳට කන්න දෙන්න. කන්න දීලා නින්ද යාගෙන එද්දී, ඇස් දෙක වැහීගෙන එද්දී කනට කරලා අහන්න 'අප්පච්චි... අර අසවල් අසවල් ඒවා කොහේද තියෙන්නේ?' කියලා.

## හංගපුවා ඔක්කොම හම්බ වුනා....

එතකොට මේ පුතා ගියා හරි මම බලාගන්නම් මේක කියලා. තවම සැකයි. ඇයි මෙයා බෞද්ධ නෙවෙයිනේ.

නමුත් මේක අත්හදා බලන්න හිතාගෙන ගියා. ගිහිල්ලා කිරිබත් හදලා කන්න දුන්නා. දීලා බලු පැටියව හාන්සි කරලා දැන් ඔලුව අතගගා ඉන්නවා. දූන් බලු පැටියාගේ ඇස් බාගෙට වැහීගෙන යනවා. එතකොටම කනට කරලා 'අප්පච්චී... අර ඔයා හංගපු රත්තරන් මාලේ, රත්තරන් සෙරෙප්පු දෙක, රන් තැටිය, රත්තරන් හැරමිටිය ඒවා කොහේද තියෙන්නේ?' කියලා ඇහුවා.

එහෙම අහනකොටම බලු කුක්කට ජාතිස්මරණ ඤාණය ආවා. බල්ලා කල්පනා කළා 'හප්පේ... විලි ලැජ්ජාවේ බෑ. මේකත් දූනගත්තා මං බලුකුක්කෙක් බව...' කියලා එවෙලෙම නැගිට්ටා. කෙලින්ම ගියා අර කියපු දේවල් හංගපු තැන් වලට. ගිහිල්ලා ඒ ඒ තැන් පහුරු ගෑහුවා. සුභ මාණවකයා සේවකයන් ලවා ඒ ඒ තැන් හෑරෙව්වා. මේන්න හංගපු බඩු එළියට එනවා. රත්තරන් මාලේ, රන් මිරිවැඩි සඟල, රන් තැටිය, රත්තරන් හැරමිටිය ඔක්කෝම හොයාගත්තා. දූන් සිටුපුත්‍රයාගේ ගෑස් බැස්සා. දූන් කරන්න දෙයක් නෑ. මේ ඉන්නේ තාත්තාමයි කියලා ඔප්පු වුනා. ඊට පස්සේ මෙයාට ආඩම්බරකම් කරලා පලක් නෑ කියලා තේරුනා. වංසේ කබල් ගාලා එලක් නෑ කියලා තේරුනා.

## පිළිසඳර කතාබහේ යෙදුනා....

මේ සිද්ධියෙන් පස්සේ මෙයා තුළ බුදුරජාණන් වහන්සේ ගැන යම් පැහැදීමක් ඇතිවුනා. ඉතින් පස්සේ දවසක මේ සුභ මාණවකයා බුදුරජාණන් වහන්සේ මුණගැහෙන්න ජේතවනාරාමෙට ගියා. ගිහින් බුදුරජාණන් වහන්සේත් සමඟ පිළිසඳර කතාබහේ යෙදුනා. හැබැයි වන්දනා කළේ නෑ. අනිත් තැන්වල තියෙන්නේ

කොහොමද, **උපසංකමිත්වා භගවන්තං අභිවාදෙත්වා ඒකමන්තං නිසීදි.** ළඟට ගිහින් භාග්‍යවතුන් වහන්සේට ආදරයෙන් වන්දනා කොට එකත්පස්ව වාඩිවුනා කියලා. මේකේ තියෙන්නේ **භගවතා සද්ධිං සම්මෝදි. සම්මෝදනීයං කථං සාරාණීයං වීතිසාරෙත්වා ඒකමන්තං නිසීදි** පිළිසඳර කතාබහේ යෙදිලා පැත්තකින් වාඩිවුනා කියලා. ඈයි මෙයා තවම බුදුරජාණන් වහන්සේගේ ශ්‍රාවකයෙක් නෙවෙයි.

## ඔක්කොම මිනිස්සු... ඒත් ඇයි මේ වෙනසක්....

වාඩිවෙලා අහනවා "**කෝ නු බෝ හෝ ගෝතම හේතු කෝ පච්චයෝ යේන මනුස්සානං යේව සතං මනුස්සභූතානං දිස්සන්ති හීනප්පණීතතා.** භවත් ගෞතමයන් වහන්ස, මේ මනුස්සයන්ගේ, මනුස්සයන් වෙච්ච සත්වයන්ගේම උස්පහත් භේදයක් දකින්ට තියෙනවා නොවැ. මේකට හේතුව මොකක්ද?" කියලා. ඊටපස්සේ කියනවා "භවත් ගෞතමයන් වහන්ස, අපට දකින්න ලැබෙනවා සමහර මිනිස්සු **අප්පායුකා** අල්පායුෂ්කයි. ඒ කිව්වේ ඉපදිලා පොඩි කාලෙකින් මැරෙනවා. **දිස්සන්ති දීඝායුකා** දීර්ඝායුෂයෙන් යුක්ත අය දකින්න ලැබෙනවා.

**දිස්සන්ති බව්හාබාධා** බොහෝ ලෙඩ රෝග තියෙන අයත් දකින්න ලැබෙනවා. **දිස්සන්ති අප්පාබාධා** කිසි ලෙඩක් දුකක් නැති අයත් දකින්න ලැබෙනවා. **දිස්සන්ති දුබ්බණ්ණා** දුබ්බණ්ණා කිව්වේ දුර්වර්ණයි. දුර්වර්ණයි කිව්වේ අවලස්සනයි. එහෙම අයත් දකින්න ලැබෙනවා. **දිස්සන්ති වණ්ණවන්තෝ** පැහැපත්, වර්ණවත්, ලස්සන

අයත් දකින්න ලැබෙනවා. **දිස්සන්ති අප්පේසක්ඛා** කිසිම පිළිගැනීමක් නැති අයත් දකින්න ලැබෙනවා. **දිස්සන්ති මහේසක්ඛා** සම්භාවනීය අයත් දකින්න ලැබෙනවා. **දිස්සන්ති අප්පභෝගා** බොහෝම දිළිඳු අයත් දකින්න ලැබෙනවා. **දිස්සන්ති මහාභෝගා** ඕනතරම් ධනය තියෙන අයත් දකින්න ලැබෙනවා.

## මොකක්ද මේ වෙනසට හේතුව...?

**දිස්සන්ති නීචකුලීනා.** නීච කුලවල ඉපදුන අයත් දකින්න ලැබෙනවා. **දිස්සන්ති උච්චාකුලීනා.** උසස් කුලවල ඉපදිච්ච අයත් දකින්න ලැබෙනවා. **දිස්සන්ති දුප්පඤ්ඤා** දුශ්ප්‍රාඥ අයත් දකින්න ලැබෙනවා. **දිස්සන්ති පඤ්ඤවන්තෝ** ප්‍රඥාවන්ත අයත් දකින්න ලැබෙනවා. භවත් ගෞතමයන් වහන්ස, මනුස්සයන් තුළ තියෙන මේ උස් පහත් බවට හේතුව මොකක්ද?" කියලා අහනවා. මේකෙන් තේරෙනවා මේ සුභ කියන්නේ නිකාම්ම නිකන් මැටි කොල්ලෙක් නොවෙයි. නැත්නම් අර තාත්තගේ සිද්ධියත් එක්ක වෙන කෙනෙක් නම් කරන්නේ ඕක යට ගහනවනේ අපේ පවුලට නින්දාවක්, අවනම්බුවක් මේක එළියට ගියොත් කියලා.

ඊටපස්සේ ඒ පැත්ත පළාතේ මූණ ගැහෙන්න යන්නේ නෑ. මෙයා ඊට වෙනස්. මෙයා නැවත ගියා බුදුරජාණන් වහන්සේ ළඟට. ගිහිල්ලා කතාබස් කළා. පැත්තකින් වාඩිවුනා. මෙයාට තේරෙන විදිහට මිනිස්සුන්ව කොටස්වලට බෙදුවා. ඉතින් මේ මනුස්සයා බුද්ධිමත් නැද්ද? මේ මනුස්සයා සෑහෙන්න මොළේ තියෙන කෙනෙක්. මෙච්චර විග්‍රහ කරගන්න බෑනේ වර්තමාන මනුස්සයෙකුට. ඉතින් මේ විදිහට ඇහුවාම

බුදුරජාණන් වහන්සේ මේ දේශනාවේ සාරය හකුලුවා දේශනා කරනවා.

## තමාගේ දේ හැටියට තිබෙන්නේ කර්මයයි....

"**කම්මස්සකා** මාණව **සත්තා** තරුණය, මේ සත්වයෝ තමන්ගේ දේ හැටියට පොදි බැඳගෙන ඉන්නේ කර්මයයි. **කම්ම දායාදා** කර්මය තමයි දායාද කරගෙන ඉන්නේ. **කම්මයෝනි** කර්මය තමයි උප්පත්ති ස්ථානය කරගෙන ඉන්නේ. **කම්මබන්ධූ** කර්මය තමයි ස්වකීය ඤාතියා. **කම්මපටිසරණා** කර්මය තමයි තමන්ගේ පිහිට. **කම්මං සත්තේ විභජති යදිදං හීනප්පනීතතායාති.** මේ උස් පහත් භාවයට සත්වයාව බෙදන්නේ කර්මයයි". කර්මය කුමක් ප්‍රත්‍යයෙන් හටගන්න එකක්ද? ස්පර්ශය ප්‍රත්‍යයෙන් හටගන්න එකක්.

කර්මය කියන්නේ කුමක්ද? "**චේතනාහං භික්ඛවේ කම්මං** වදාමි මහණෙනි, මම චේතනාව කර්මය යයි කියමි. **චේතයිත්වා කම්මං කරෝති කායේන වාචාය මනසා.** චේතනා පහළ කොට කයින් වචනයෙන් මනසින් කර්ම කරයි" එහෙනම් චේතනා පහළ කොට කයින් වචනයෙන් මනසින් යමක් කිරීම තමයි කර්මය කියලා කියන්නේ. බුදුරජාණන් වහන්සේ වදාළා ඒ කර්මය තමයි සත්වයෝ තමන්ගේ දේ කරගෙන ඉන්නේ. ඒක තමයි තමන්ගේ දෑවැද්ද. ඒක තමයි තමන්ගේ උප්පත්ති ස්ථානය. ඒක තමයි තමන්ගේ නෑදෑයා. ඒක තමයි තමන්ගේ පිහිට. ඒ කර්මයෙන් තමයි සත්වයාව අර කලින් කියපු උස් පහත් ස්වභාවයන්ට බෙදන්නේ.

# අනේ මට මේක විස්තර වශයෙන් කියාදෙන්න....

ඉතින් මේ කෙටියෙන් කියපු දේ අර සුභ මාණවකට තේරුනේ නෑ. එයා බුදුරජාණන් වහන්සේගෙන් ඉල්ලා සිටියා 'භවත් ගෞතමයන් වහන්ස, ඔය කෙටියෙන් වදාළ කාරණය මට විස්තර වශයෙන් තේරෙන්නේ නෑ. ඒ නිසා භවත් ගෞතමයන් වහන්සේ මේ කෙටියෙන් වදාළ කාරණය මට විස්තර වශයෙන් අර්ථ තේරුම් ගන්න පුළුවන් හැටියට දේශනා කරන සේක්වා' කියලා. අන්න තවත් හුලං බැස්සා. සාමාන්‍යයෙන් මේගොල්ලන්ට වේද වේදාන්ත ඉගෙන ගෙන අපි තමයි ඔක්කෝම දන්නේ කියලා හිතාගෙන ඉන්න බමුණු මාන්නය තියෙනවානේ.

නමුත් මේ කියාපු දේ ප්‍රහේලිකාවක් වගේ මේ තරුණයාට. කර්මය තමයි උසස් පහත් ස්වභාවයන්ට සත්වයාව බෙදන්නේ කිව්වට තේරුනේ නෑ. මෙයා කිව්වා 'භවත් ගෞතමයන් වහන්ස, මට තේරුණේ නෑ මේක. මට විස්තර වශයෙන් වැටහෙන විදිහට මේක කියා දෙන්න' කියලා. එතකොට බුදුරජාණන් වහන්සේ වදාළා 'එහෙනම් තරුණය, හොඳින් අහගන්න. මම මේ කාරණය විස්තර වශයෙන් කියලා දෙන්නම්' කියලා. ඔන්න දැන් බුදුරජාණන් වහන්සේ හරී ලස්සනට සුභ අහපු අර කාරණා දාහතර එකින් එක විස්තර කරනවා.

# අල්පායුෂ ලැබෙන්න හේතුව....

"තරුණය, ස්ත්‍රියක් හෝ පුරුෂයෙක් හෝ ඉන්නවා **පාණාතිපාතී** සතුන් මරන. එයා **ලුද්දෝ** රෞද්‍රයි. **ලෝහිතපාණී** ලේ වැකුණු අත් ඇතුව ඉන්නවා.

හතපහතේ නිවිට්ටයෝ සතුන් මැරීමෙහි යුක්ත වෙනවා. **අදයාපන්නෝ සබ්බපාණභූතේසු** සියළු ප්‍රාණීන් කෙරෙහි දයා මාත්‍රයක් නැතුව ඉන්නවා. මේ ගොල්ලෝ ඒ කර්මය නිසා **කායස්ස භේදා පරම්මරණා අපායං දුග්ගතිං විනිපාතං නිරයං උපපජ්ජති.** කය බිඳී මරණින් මතු නිරයේ උපදිනවා. **නෝ චේ කායස්ස භේදා පරම්මරණා අපායං දුග්ගතිං නිරයං උප්පජ්ජති** යම් හෙයකින් නිරයට ගියේ නැත්නම්, එයා බැරිවෙලාවත් මනුස්ස ලෝකෙට ආපහු ආවොත් **යත්ථ යත්ථ පච්චාජායති** යම් යම් තැනක උපදිනවාද, **අප්පායුකෝ හෝති** අල්පායුෂ්කයි. තරුණය, අල්පායුෂ ලැබෙන ප්‍රතිපදාව මේකයි" කියනවා.

## දීර්ඝායුෂ ලැබෙන ප්‍රතිපදාව....

ඊළඟට බුදුරජාණන් වහන්සේ දේශනා කරනවා "යම්කිසි ස්ත්‍රියක් හෝ පුරුෂයෙක් හෝ **පාණාතිපාතා පටිවිරතෝ හෝති** සතුන් මැරීමෙන් වැළකී ඉන්නවා. **නිහිතදණ්ඩෝ** දඬුමුගුරු අත්හැරලා, **නිහිතසත්ථෝ** අවිආයුධ අත්හැරලා, **ලජ්ජී** සතුන් මරන්ට ලැජ්ජයි, **දයාපන්නෝ සබ්බපාණභූතේසු හිතානුකම්පී විහරති** සියළු ප්‍රාණීන් කෙරෙහි හිතානුකම්පීව දයාවෙන් වාසය කරනවා. ඒ කෙනා මරණින් මත්තේ **කායස්ස භේදා පරම්මරණා සුගතිං සග්ගං ලෝකං උපපජ්ජති.** සුගතියේ උපදිනවා. **නෝ චේ කායස්ස භේදා පරම්මරණා සුගතිං සග්ගං ලෝකේ උපපජ්ජති** යම් හෙයකින් මරණින් මත්තේ දෙවියන් අතර උපන්නේ නැත්නම්, එයා ආපහු මනුස්ස ලෝකෙට ආවොත්, යම් යම් තැනක උපදිනවද **දීඝායුකෝ හෝති** දීර්ඝායුෂ ලබනවා. තරුණය, දීර්ඝායුෂ ලැබෙන්න හේතුවෙන්නේ මෙන්න මේ කර්මයයි" කියනවා.

# ලෙඩ රෝග බහුල වීමට හේතුව....

ඊළඟට බුදුරජාණන් වහන්සේ දේශනා කරනවා "තරුණය, ස්ත්‍රියක් හෝ පුරුෂයෙක් ඉන්නවා **සත්තානං විහේඨකජාතිකෝ** සත්වයන් පීඩාවට පත් කරනවා. වධ හිංසා කරනවා. **පාණිනා** වා එක්කෝ අතින් ගහනවා. **ලෙඩ්ඩුනා** වා එක්කෝ ගල්වලින් ගහනවා. **දණ්ඩේන** වා එක්කෝ දඬුමුගුරු වලින් ගහනවා. **සත්ථේන** වා එක්කෝ ආයුධවලින් ගහනවා. මේ කර්මය නිසා එයා මරණින් මතු නිරයේ උපදිනවා. **සචේ මනුස්සත්තං ආගච්ඡති** නිරයෙන් බේරිලා ආයෙමත් මනුස්ස ලෝකෙට ආවොත් යම් යම් තැනක උපදිනවද, **බව්හාබාධෝ හෝති.** බොහෝ රෝගාබාධ ඇති කෙනෙක් වෙනවා.

නොයේක් ආකාරයේ රෝග. එක ලෙඩක් හොඳ වෙනකොට තව ලෙඩක්. හැමතිස්සේම බෙහෙත් මල්ල කරේ. කසාය තම්බ තම්බ, පත්තු බැඳ බැඳ ඉන්නේ. එහෙම අය දැකලා නැද්ද ඔබ? ජීවිත කාලෙම හරි හමන් ලුණු ඇඹුල් ඇති කෑමක් කන්ට නෑ. ඒවා ඔක්කොම තහනම්. මොනවාහරි වතුරෙන් උයපුවා කාලා බෙහෙත් කර කර ඉන්නවා. රෝග වලින් දුක් විඳින අය දකින්න ඒ ඒ තැන් වලට යන්න ඕන. පිළිකා රෝහලට යන්න ඕන පිළිකා රෝගීන් දකින්න. අංගවිකල රෝගීන් දකින්න ඒ වාට්ටුවට යන්න ඕන.

# අකුසල් වල විපාක හරිම දුක්ඛිතයි....

මම දවසක් එක අංගවිකල වාට්ටුවක ඉන්න කෙනෙක්ව දැක්කා, ඒ ලෙඩාට හරිහමන් සිහි කල්පනාවක් නෑ. ඒ ඇඳේම ස්ලොප් එකට පොඩි වලක් හදලා

තියෙනවා. යටින් බාල්දියක් තියලා තියෙනවා. ඇඳේම ඉඳගෙන කක්කා දාගන්නවා. ඒවා ඔක්කොම අර යටින් තියෙන බාල්දියට වැටෙනවා. පළාතම ගඳයි. නමුත් එයා දන්නේ නෑ මනුස්ස ලෝකේ ඉන්න බවවත්. සද්ද කරනවා විතරයි. තාත්තා අම්මා කියාගන්නවත් බෑ. ඒ පුතාගේ තාත්තා තමයි ඇවිල්ලා නාවලා කවලා පොවලා යන්නේ. ඒ වෙනකොට ඒ ළමයට වයස අවුරුදු තිහයි. ඒ තාත්තා තිස් අවුරුද්දක් තිස්සේ අංගවිකල වාට්ටුවට ඇවිල්ලා උපස්ථාන කරලා යනවා. පෙර ආත්මවල සත්තුන්ට වධ දීපුවාගේ විපාක.

සමහර ළමයි ඉන්නවා ඉපදෙනකොටම පපුවේ හිලක්. සමහරු ඉපදෙනකොටම කොරයි. සමහරු ඉපදෙනකොටම අංගවිකලයි. මම බුද්ධ ගයාවෙදි දැක්කා එක ළමයෙක්. ඒ ළමයට ඇස්දෙකක් නෑ. ඒ කියන්නේ ඇහැක් පිහිටපු තැනක් වත් නෑ. නහයයි කටයි කන්දෙකයි තියෙනවා. ඒ අම්මා ඒ ළමයව අරගෙන ඇවිල්ලා හිටියා සම්මාදම් ඉල්ලගෙන බුද්ධගයාවේ. මේ විදිහට පෙර ආත්ම වල කරපු අකුසල කර්ම වල විපාක දරුණු විදිහට විඳිනවා.

## නීරෝගී බව ලැබෙන ප්‍රතිපදාව....

ඔබට මතකද සමහර තැන්වල තියෙනවා අම්මලා තාත්තලා දම්වැල් වලින් ගැට ගහලා කන්ට නොදී තියන් ඉන්නවා, සේවකයින්ව දම්වැල් වලින් ගැටගහලා බල්ලෝ වගේ තියන් ඉන්නවා. තමන්ගෙ ම අම්මවද තාත්තාවද බලුකූඩුවක දාලා තියන් ඉන්නවා. ඒගොල්ලන්ටත් මොකක්හරි කර්මානුරූප විපාකයක් ඔය තියෙන්නේ. කර්මය කියන්නෙ එකට එකක් බැදිච්ච

එකක්නේ. ඒ නිසා මේක ලේසියෙන් ගැලවෙන එකක් නෙවෙයි. සමහරු ඉන්නවා අනුන්ට වධ දෙනවා, හැබැයි දානමානත් දෙනවා. එතකොට ලෙඩා තමයි, උපදින්නේ සල්ලි තියෙන තැනක. ඊට පස්සේ ඒ ගෙදර අය ලෙඩාට සාත්තු සප්පායම් කරනවා. එහෙම තැන් තියෙනවා.

ඊළඟට දේශනා කරනවා තව කෙනෙක් ඉන්නවා **සත්තානං අවිහේඨකජාතිකෝ හෝති** සත්තුන්ට වධ දෙන්නේ නෑ. සතුන්ට වධ දෙන්නේ නැතිව, හිංසා පීඩා නොකර වාසය කිරීම නිසා දෙවියන් අතර උපදිනවා. මනුස්ස ලෝකේ ආපු දවසට ලෙඩදුක් නෑ කියනවා. ඒ කියන්නේ අල්පාබාධ. සාමාන්‍යයෙන් හැදෙන උණක් හෙම්බිරිස්සාවක් මිසක් මහා දරුණු රෝගාබාධ මොකවත් එයාට හට ගන්නේ නෑ. මොකද පෙර ආත්මයේ සත්වයන්ට හිංසා පීඩා, වධ දීම් කරලා නැති නිසා.

## සමහරුන්ට ඉහෙන් බහින රෝගයක් නෑ....

බුදුරජාණන් වහන්සේගේ කාලේ වැඩහිටියා නීරෝගී භික්ෂූන් වහන්සේලා අතර අගතනතුරු ලැබූ රහතන් වහන්සේ නමක්. කවුද ඒ? බක්කුල මහරහතන් වහන්සේ. උන්වහන්සේ අවුරුදු එකසිය හැටක් වැඩහිටියා. අඩුම ගණනේ උණක් හෙම්බිරිස්සාවක්වත් කලන්තයක්වත් හැදිලා නෑ ඒ අවුරුදු එකසිය හැටටම. සමහරු ඉන්නවා මොනවා කෑවත් මුකුත් වෙන්නේ නෑ. සීනි අමාරු නෑ, පපුවේ අමාරු නෑ, කොලෙස්ටරෝල් නෑ. හොඳට තෙල් දාලා බැදුම් හදලා කනවා බොනවා කිසි ලෙඩක් නෑ. සමහරුන්ට ටොපි ළඟින් ගියත් සීනි අමාරු හැදෙනවා. චොකලට් දැක්කත් සීනි වැඩිවෙනවා.

දැන් අපට පින්වත්නි, ආර්ය සත්‍යය අවබෝධ කරනකම් මේ සසරේ යන්න වෙනවාද නැද්ද? අපි කැමති වුනත් අකමැති වුනත් යන්න වෙනවා. එතකොට ඔබ කැමති ඒ උපන් තැනක අඩු ආයුෂයෙන් මැරෙන්නද? නෑ. අපි කැමති සෑහෙන කාලයක් මනුස්ස ලෝකේ ගත කරන්න. එහෙම නම් ඒකට තියෙන ප්‍රතිපදාව මොකක්ද? සතුන් මැරීමෙන් වැළකීම. ඔබට පේනවා මේ මනුස්ස ලෝකෙ ඉපදිලා පොඩිකාලේ ඉඳන්ම නොයෙක් රෝග ාබාධයන්ගෙන් දුක් විඳින අය. ඔබ කැමති එහෙම අංගවිකල වෙලා, රෝගාබාධයන්ට බඳුන් වෙලා වාසය කරන කෙනෙක් වෙන්නද, නීරෝගී කෙනෙක් වෙන්නද? නීරෝගී කෙනෙක් වෙන්නයි.

## හොස්ස ළඟින් මැස්ස යන්න බෑ....

නීරෝගී කෙනෙක් වෙන්න තියෙන ප්‍රතිපදාව මොකක්ද? අන්‍යයන්ට වධ නොදීම, හිරිහැර නොකිරීම. සමහරු ඉන්නවා අතින් පයින් හිංසා කරන්නේ නෑ. නමුත් එක එක ඒවා කර කර හරියට මානසිකව වධ දෙනවා. එතකොට තමන්ටත් ඊළඟ ආත්මේ මානසික හිංසනයට ලක්වෙන්න සිද්ධ වෙනවා. ඊළඟට බුදුරජාණන් වහන්සේ දේශනා කරනවා "මාණවකය, මේ ලෝකයේ ස්ත්‍රියක් වේවා පුරුෂයෙක් වේවා **කෝධනෝ** ක්‍රෝධ කරනවා. **උපායාසබහුලෝ** කේන්ති ගත්තු ගමන්මයි ඉන්නේ. **අප්පම්පි වුත්තෝ සමානෝ අභිසජ්ජති** පොඩ්ඩක් එහා මෙහා වෙන්න බෑ, තරහ යනවා.

අපි ඒකට මොකක්ද කියන්නේ? හොස්ස ළඟින් මැස්සාට යන්ට බෑ කියනවා. පොඩි දේටත් **කෝපං ච දෝසං ච අප්පච්චයං ච පාතුකරෝති** කෝපයත් ද්වේශයත්

අමනාපයත් පහළ කරනවා. පොඩි දේවල් වලට කිපෙන අය ඉන්නවා. කිපුනට පස්සේ සමහරුන්ට ඒ කෝපය නැති කරගන්ට බෑ. බුදුරජාණන් වහන්සේ කෝපය හට ගන්න තුන් ගොල්ලක් ගැන විස්තර කරනවා. සමහර කෙනෙකුට කෝපය ඇතිවුනාට පස්සේ ගලේ කොටපු ඉර වගේ. ඒ කෝපය නැතිවෙන්නේ නෑ, ආත්මෙන් ආත්මෙට ඒ කෝපය අරගෙන යනවා.

## දවස පුරාම අනුන්ට බැණ බැණ ඉන්නවා....

සමහර විට ඒ කෝපය හටගත්තේ පුංචි දේකට වෙන්න පුළුවන්. සමහර අයගේ කෝපය වැල්ලේ ඇඳපු ඉර වගේ. ඒ කියන්නේ ටික කාලයක් තිබිලා නැතිවෙලා යනවා. සමහර අයගේ කෝපය දියේ ඇඳපු ඉර වගේ. හටගත්ත සැණින් ඒ කෝපය නැතිවෙනවා. මෙතන විස්තර කරන්නේ නිතර කෝප ගන්න එක්කෙනා ගැන. බත් උයන්න ගියත් කෝපයෙන් ඉන්නවා බැණ බැණ, 'මෙවුන්ට කන්න දෙනවා දෙනවා ඉවරයක් නෑ...' කිය කිය. අතු ගාන්න ගියත් බැණ බැණ අතුගාන්නේ, 'මේ ගෙවල් හැඩි කරනවා. එකෙක්වත් අතු ගාන්නේ නෑ. මම්ම කරන්ට ඕනැ...' කිය කිය.

කඩේ ගියත් 'කවුරුත් නෑ උදව් කරන්න. මම්ම කඩේ යන්න ඕනැ...' කිය කිය යන්නේ. ඔහොම බැණ බැණ දවසම වැඩ කරන අය නැද්ද? ඉන්නවා. ඒ ගෙදර අයටත් බණිනවා. රට්ටුන්ටත් බණිනවා. වටේ පිටේ ඉන්න අයටත් බණිනවා. ඔය අතරේ ඔන්න පාරේ වාහනයක් යනවා හයියෙන් හෝන් එකක් ගහගෙන. ඊට පස්සේ මොකද කරන්නේ, අර වාහනේටත් බණිනවා. ඔන්න අල්ලපු ගෙදර බල්ලා බුරනවා ඇහෙනවා. ඊට පස්සේ

මොකද කරන්නේ, බල්ලටත් බණිනවා. ඔන්න ස්විප් කාරයෙක් යනවා ඇහෙනවා. ඊට පස්සේ ඒ මනුස්සයාටත් බණිනවා. ඔය විදිහට කෝප බහුල අය නැද්ද? ඉන්නවා.

## අපායට ගහපු කැලැන්ඩරේ....

ඒ අය මරණයට පත්වෙලා නිරයේ යනවා. නිරයේ නොගිහින් ආපහු මනුස්ස ලෝකෙට ආවොත් **දුබ්බණ්ණො හෝති.** දුර්වර්ණයි. දුර්වර්ණයි කිව්වේ අවලස්සනයි. අපායට ගහපු කැලැන්ඩරේ වගේ. එයාව දකිනකොට මිනිස්සුන්ට අප්පිරියයි. සමහරු ඉන්නවා පාරෙදි මුණගැහුනත් මිනිස්සු අහක බලාගන්නවා 'නොදකිං... මේන් මුණගැහුනා උදේ පාන්දර...' කියලා. සමහරු දකිනකොට කියනවා 'ආං... එනවා. ඉක්මනට ගෙට පලයං... ඔය මනුස්සයා ගියාට පස්සේ පලයං ගමන...' කියලා. ඇයි හේතුව, පෙනුමෙන් මූසලයි. එයාගේ බැල්මත් මිනිස්සුන්ට රුස්සන්නේ නෑ, එයාගේ හිනාවත් රුස්සන්නේ නෑ. එයාගේ ගමනත් රුස්සන්නේ නෑ. හැමෝටම අප්‍රසන්නයි.

මොකද හේතුව, සසරේ නිතර පොඩි දේටත් කිපිලා. ඊළඟට පෙන්වා දෙනවා "මානවකය, තව පුරුෂයෙක් හෝ ස්ත්‍රියක් ඉන්නවා **අක්කෝධනෝ** ක්‍රෝධ කරන්නේ නෑ. **අනුපායාසබහුලෝ** කේන්ති නොගැනීම බහුල වශයෙන් තියෙනවා. **බහුම්පි වුත්තෝ සමානෝ නාභිසජ්ජති** කවුරුහරි ගොඩාක් බැන්නත් කේන්ති ගන්නේ නෑ. කෝපයත් ද්වේශයත් නොසතුටත් පහළ කරන්නේ නෑ" අපි කියමු නොකල වැරද්දකට කවුරුහරි එයාට බැණගෙන බැණගෙන යනවා. නමුත් එයා කේන්ති ගන්නේ නෑ. එහෙම අය ඉන්නවා.

## බහුපුත්තිකා තෙරණිය....

ඊළඟට ගෙදර දොරේ වැඩ කටයුතු වුනත් අහිංසකව පාඩුවේ කරගෙන යනවා. හැබැයි එහෙම අය ජය ගන්නවා. බුද්ධ කාලේ හිටියනෙ එහෙම එක්කෙනෙක් බහුපුත්තිකා කියලා. ඒ අම්මට ළමයි දහයක්ද දොළහක්ද හිටියා. දරුවන්ව කසාද බන්දලා දුන්නා. දරුවෝ ඔක්කෝරගෙන්ම ලැබුනේ වෙනස්කම්. කවුරුත් සැලකුවේ නෑ. හැබැයි කෝප ගත්තේ නෑ. අන්තිමට කල්පනා කළා 'මෙහෙම හරියන්නේ නෑ. ළමයින්ගෙන් බැනුම් අහ අහා මට මෙහෙම ඉන්න ඕන නෑ. මම යනවා භික්ෂුණී ආරාමයකට' කියලා පටාචාරා භික්ෂුණිය හිටපු ආරාමයට ගියා.

ගිහිල්ලා කිව්වා 'භික්ෂුණීන් වහන්ස, මම කැමතියි භික්ෂුණී සංඝයාට උපස්ථාන කරගෙන ඉන්න' කියලා. ඉතින් අවසර ලැබුනා. එතනත් නිතරම වැඩ. අනිත් භික්ෂුණීන් වහන්සේලාත් හැමෙලෙහා යකාඩෙම උඩ පැනා පැන තලනවා වගේ එයාටමයි වැඩ කියන්නේ. 'අම්මා එන්න... මේ මිදුල අතු ගාන්න... වතුර එකක් ගේන්න... අරක ගේන්න... මේක අරන් යන්න...' කිය කිය. ඒත් ඒ අම්මා නිශ්ශබ්දව තරහ ගන්නෙ නැතුව ඒ ඔක්කොම කරනවා. දවසක් එක භික්ෂුණියක් ඇහුවා 'ඔය අම්මා දැන් ඉතින් වයසයිනේ... මහණ වුනොත් නරකද...?' කියලා ඇහුවා. අනේ කොච්චර හොඳයිද කිව්වා. මහණ වුනා.

## ඉවසන දනා රැපු යුදයට ජය කොඩිය....

පැවිදි වුනාට පස්සෙත් මෙයාට අර විදිහටම වැඩ කියනවා. ඉතින් මෙයා ඔක්කෝම කරනවා. එතුමිය ජය

ගත්තේ ක්‍රෝධ නැතිකමින්මයි. විවේකයක් හම්බ වෙන්නේ ඔක්කෝම රෑට සැතපෙන්න ගියාට පස්සේ. එතකොට මේ භික්ෂුණිය හිමීට පඩිපෙළෙන් යට තට්ටුවට බහිනවා. ඇස් පෙනීම අඩුයි. මැද කණුව අල්ලගෙන කණුව වටේට සක්මන් කරනවා පංචනීවරණ යටපත් කරන්ට. එහෙම විඳව විඳවහරි හරිතැන උපන්නා පිං බලය නිසා. එහෙම සක්මන් කරද්දී ටික ටික සිත සමාධිගත වුනා. සිත සමාධිගත වෙලා විදර්ශනාවෙත් යෙදුනා. සෝවාන් වුනා, සකදාගාමි වුනා, අනාගාමි වුනා, රහත් වුනා.

බලන්ට එතකොට ඒ මෑණියන්ට ඒ උදව්ව ලැබුනේ මොකෙන්ද? ක්‍රෝධ නොකිරීමෙන්. ඔන්න අපටත් පුරුදු කරන්න හොඳ දෙයක්, ක්‍රෝධ නොකිරීම. ඔය විදිහට ක්‍රෝධ නොකරන කෙනා මරණින් මත්තේ දෙවියන් අතර උපදිනවා. දිව්‍ය ලෝකෙට නොගොස් නැවත මනුස්ස ලෝකෙට ආවොත් **යත්ථ යත්ථ පච්චාජායති** යම් යම් තැනක උපදීද, **පාසාදිකෝ හෝති** දුටුවන් පහදිනවා. **පාසාදිකසංවත්තනිකා** මහත් ප්‍රසන්න රූපයකින් යුක්ත වෙනවා. ඒ විදිහට ප්‍රසන්න රූපයකින් යුක්ත වෙන්න හේතුව මොකක්ද? කලින් ආත්මවල ක්‍රෝධ නොකිරීම.

## ප්‍රාර්ථනා කිරීමෙන් කිසි දෙයක් ලබන්න බෑ....

ඔබ කැමති ලස්සන රූපයක් ලබන්නද, මුස්පේන්තු රූපයක් ලබන්නද? ලස්සන රූපයක් ලබන්නයි කැමති. ලස්සන රූපය මොකේ විපාකයක්ද? ක්‍රෝධ නොකිරීමේ විපාකයක්. ඒ නිසා මේ පොඩි පොඩි දේවල් අල්ලගෙන 'අසවලාගේ බෑග් එක මගේ ඇඟේ හැප්පුනා... අරයගේ

කෝප්පේ මගේ කෝප්පෙට මාරු වුනා...' කියලා ඔය වගේ පොඩි පොඩි දේවල් අල්ලගන්න එපා. ගොඩක් අය හිතන්නේ මේවා ලැබෙන්නේ ප්‍රාර්ථනා කිරීමෙන් කියලයි. 'අනේ මට උපනුපන් ආත්මවල දීර්ඝායුෂ ලැබේවා..! මට උපනුපන් ආත්මවල නීරෝගී සැප ලැබේවා..! මට උපනුපන් ආත්මවල ලස්සන රූපයක් ලැබේවා..!' කියලා පතනවා. නමුත් මේ දේශනාවෙන් ඔප්පු වෙනවා ඒ කිසි දෙයක් ප්‍රාර්ථනාවෙන් ලැබෙන්නේ නෑ කියලා. ඒවා ලැබෙන්නේ ඒකට අදාළ වූ ප්‍රතිපදාවෙන්.

## සුව කළ නොහැකි රෝගය....

ඊළඟට බුදුරජාණන් වහන්සේ තවත් වැදගත් කාරණාවක් විස්තර කරලා දෙනවා. "මාණවකය, පුරුෂයෙක් හෝ ස්ත්‍රියක් ඉන්නවා **ඉස්සාමනකෝ** ඊර්ෂියා මනසින්. **පරලාභසක්කාරගරුකාරමානනවන්දනපූජනාසු ඉස්සති.** අනුන්ට ලැබෙන ලාභ සත්කාර කීර්ති ප්‍රශංසා වන්දනා මාන පුද පූජාවල් දැක්කහම ඉරිසියාව හටගන්නවා. කවුරු හරි ඔබ දන්න කෙනෙක් හෝ නොදන්න කෙනෙක් හෝ එක්කෝ ඔබත් එක්ක එකට ඉස්කෝලේ ගිය කෙනෙක් ඔන්න හොඳ වාහනයක යනවා, හොඳට ගෙයක් හදාගෙන ඉන්නවා, රැකියාවේ හොඳ ඉහළ තැනක ඉන්නවා, අඹුදරුවොත් එක්ක සතුටින් ඉන්නවා ඔබට දකින්න ලැබෙනවා.

දැක්ක ගමන් ඔන්න හිත දැවිල්ලයි. ඉරිසියාව හට ගන්නවා. ඉරිසියා සහගත මනසින් යුක්ත කෙනා හැමතිස්සේම ඉන්නේ හිතේ අසතුටින්. අරවා පේනකොට තොරතෝංචියක් නැතිව ඒ අයට දෙස්දෙවොල් තියනවා. 'ඔකුන්ට කොහොමද හරි ගියේ...? ඔකුන්ට කොහොමද

මෙහෙම වුනේ...? ඕකුන් අරහෙමනේ හිටියේ...' කියලා ඉරිසියාවෙන් දෙස්දෙවොල් තියනවා. ඒ කර්මය නිසා එයා මරණින් මත්තේ නිරයේ උපදිනවා. මනුස්ස ලෝකෙට ආවොත් **අප්පේසක්ඛෝ හෝති** කිසිම පිළිගැනීමක් නෑ. කවුරුවත් ගණන් ගන්නේ නෑ. උපකාරයක් කරන්න කවුරුත් නෑ. අත දෙන්න කවුරුත් නෑ. බොහෝම බයාදු වෙලා ජීවත් වෙන්නේ. ඔන්න ඉරිසියාවේ ප්‍රතිඵලය.

## ඉරිසියාවත් එක්ක ම මසුරුකම....

පෙර ආත්මේ අනුන්ගේ ලාභයට ඊර්ෂ්‍යා කරලා, අනුන්ගේ ගෞරවයට ඊර්ෂ්‍යා කරලා, අනුන්ගේ සත්කාරවලට ඊර්ෂ්‍යා කරලා, අනුන්ගේ වන්දන පූජා වලට ඊර්ෂ්‍යා කරලා. මේ ඉරිසියාව නිසා තමන්ට මොකුත් නෑ. ඉරිසියාවත් එක්කම තියෙන ඊළඟ එක තමයි **(ඉස්සාමච්ඡරී)** මසුරුකම. ඉරිසියාවත් එක්ක මසුරුකම තිබුනොත් මොකද වෙන්නේ? කවුරුහරි ඇවිල්ලා මොනවාහරි ඉල්ලුවාම නෑ කියනවා. දෙන්නේ නෑ. යමක් බෙදා හදාගෙනවත් කන්නේ නෑ. ගස්වල ගෙඩි කුණුවෙලා වැටෙනවා. ඒත් කාටවත් දෙන්නේ නෑ. ඇහුවාම කියන්නේ 'හරි කරදරයිනේ ඔය මිනිස්සුන්ට දෙන්ට පටන් ගත්තොත්... නිතර එනවා... මට විවේකය නැති වෙනවා...' කියලා. ඒත් ඇතුලේ තියෙන්නේ ඉරිසියාව. හොයාගන්න බෑ එයාට.

ඊර්ෂ්‍යාව නැති බවට ධර්මයේ පාවිච්චි කරනවා වචනයක්. මොකක්ද ඒ? මුදිතාව. දැන් බලන්න ඉරිසියාව නිසා සුළුපටු දෙයක්ද වුනේ අර ලෝසක හාමුදුරුවන්ට. කාශ්‍යප බුද්ධ කාලේ එක්තරා සේනාසනයක හොඳට විදර්ශනා භාවනාව වඩන භික්ෂුවක් හිටියා. ඔය අතරේ

රහතන් වහන්සේ නමක් චාරිකාවේ වඩින අතරේ මේ සේනාසනය හදාපු ප්‍රධාන දායකයා ඒ රහතන් වහන්සේව දැකලා කතාබස් කළා. 'ස්වාමීනි, කොහේද මේ වඩින්නේ?' 'උපාසක, මම මේ විවේක තැනක් හොයාගෙන යනවා' කිව්වා.

## ස්වාමීනී, අපේ ආවාසයේ ටික දවසක් ඉඳලා වඩින්න....

ඒ උපාසක අර රහතන් වහන්සේගේ ඉරියව් ගැන පැහැදුනා. පැහැදිලා 'ස්වාමීනි, වඩින්න අපේ ගෙදරට. මම දානේ දෙන්නම් අද...' කියලා ගෙදරට වඩම්මලා දානේ පූජා කළා. දානෙ වළඳලා ඉවර වුනාට පස්සේ 'ස්වාමීනි, අපෙත් තියෙනවා ආවාසයක්. දවසක් දෙකක් එහේ ඉඳලා වඩින්න' කිව්වා. කියලා මේ ප්‍රධාන දායක මහත්තයා ඒ ස්වාමීන් වහන්සේව අර සේනාසනයට වඩම්මගෙන ආවා. ඇවිල්ලා කාලයක් තිස්සේ එහේ ඉන්න හාමුදුරුවන්ට කිව්වා 'ස්වාමීන්, මේ ආගන්තුක හාමුදුරුනමක් වැඩියා. අද මම දානමානාදිය දුන්නා. උන්වහන්සේට ටික දවසක් මෙහේ වැඩ ඉන්න කියලා මං ආරාධනා කළා. මං දැන් ගිහිල්ලා හවසටත් එන්නම්' කියලා කිව්වා.

එතකොට අර හාමුදුරුවෝ කල්පනා කළා 'හන්... මම මෙතෙක් කල් හිටියා මේ ආවාසයේ... මේකා මට මෙහෙම සැලකුවේ නෑ නොවැ...' ඔන්න ඉරිසියාව හටගත්තා. ඉතින් හවස ආයෙත් අර උපාසක මහත්තයා දැහැත් ගිලන්පස අරගෙන ආගන්තුක ස්වාමීන් වහන්සේ බලන්න ආවා. ඇවිල්ලා ගිලන්පස පූජා කළා. අර අලුත් ස්වාමීන් වහන්සේගේ ඉරියව් ගොඩාක් සංවරයි. 'අනේ

ස්වාමීනි, බණ ටිකක් කියන්න' කිව්වා. දැන් අර පන්සලේ ඉන්න උන්නාන්සේ පුපුර පුපුර ඉන්නවා ඇතුලේ.

## පහුවදා දානෙටත් ආරාධනා කළා....

ඉතින් ඒ රහතන් වහන්සේ බණ කිව්වට පස්සේ අර දායක මහත්තයාට තවත් සන්තෝසයි. දායක මහත්තයා අර පන්සලේ ඉන්න හාමුදුරුවන්ට කිව්වා 'එහෙනම් ස්වාමීනි, හෙට දානෙට ඔබ වහන්සේයි මේ ආගන්තුකව වැඩපු ස්වාමීන් වහන්සේයි දෙනමම අපේ ගෙදරට වඩින්න' කියලා ආරාධනා කළා. එතකොට පන්සලේ උන්නාන්සේ කල්පනා කළා 'ආගන්තුකව ආපු මේ උන්නාන්සේට අදත් සැලිකිලි ලැබුනා. අද මගෙන් මේ මනුස්සයා බණ ඇහුවෙත් නෑ. මාව පුංචි වුනා, ආගන්තුකව ආපු හාමුදුරුවෝ ලොකු වුනා. ඔය ගෙදර මිනිස්සු රහට දානමාන දෙනවා. හෙටත් ඔය ගෙදරින් දානෙ වැළඳුවොත් මට බෙල්ලෙන් අල්ලලාවත් මෙයාව එළියට දාගන්න බැරුව යයි' කියලා කල්පනා කළා.

දැන් මේ මොකද්ද හිතේ වැඩකරන්නේ? ඉරිසියාව. පහුවදා මේ උපාසක මහත්තයා බොහෝම ශ්‍රද්ධාවෙන් දානමාන පිළියෙල කළා. මේ පන්සලේ හාමුදුරුවෝ උදේ පාන්දර ගිහිල්ලා මොකද කළේ, නියපොත්තෙන් ගෙඩියට තට්ටු කළා. ආයෙත් දොර ගාවටත් ගිහිල්ලා හිමීට නියපොත්තෙන් තට්ටු කළා. තට්ටු කරලා අර දානේ ගෙදරට වැඩියා. අර උපාසක මහත්තයා 'ස්වාමීනි, ඔබවහන්සේ විතරද වැඩියේ? අර ආගන්තුක ස්වාමීන් වහන්සේ වැඩියේ නැද්ද?' කියලා ඇහුවා.

## භයානක අකුසලයක් කරගත්තා....

'අනේ තාම බුදි... මං ගෙඩිය ගැහුවා, ඇහැරුනේ

නෑ. ඇයි උපාසක ඊයේ දවල් දුන්නනෙ හොඳට දානේ තම්බලා... අන්න බුදී... මම දොරට තට්ටු කළා... දොර හෙල්ලුවා... මුකුත් සද්දයක් බද්දයක් නෑ... මං ඉතින් ආවා' කිව්වා. එතකොට උපාසක 'අනේ ස්වාමීනි, ගමන් වෙහෙස වෙන්න ඇති. උන්වහන්සේ චාරිකාවේ වඩින ගමන් නොවැ. එහෙනම් ඔබවහන්සේ දානෙ වළඳන්නකෝ...' කියලා දානේ දුන්නා. දානෙ වළඳලා ඉවර වුනාම 'එහෙනම් ස්වාමීනි, තව වෙලාව තියෙනවනෙ. මෙන්න මේ දානේ එක උන්වහන්සේට දෙන්න' කියලා දානේ එකක් පාත්තරේට දුන්නා.

දැන් මෙයා මේකත් අරන් කල්පනා කර කර යනවා 'මං මොකටද මේ කොහේවත් ඇවිදින උන්නාන්සේ කෙනෙකුට කන්න දෙන්නේ... මේ දානේ එක ගෙනිහින් දුන්නොත් බෙල්ලෙන් අල්ලලාවත් එළියට දාන්න බැරුව යයි. මේක වතුරකට දාන්න බෑ. මේ බත් පාවෙනකොට මිනිස්සු දැන ගන්නවා මේක මගේ වැඩක්ය කියලා. මේක නිකන් විසිකරන්නත් බෑ. කාක්කෝ, සත්තු කෑ ගහනකොට දැනගන්නවා මේ බත් එකක් විසිකරලා කියලා....' මෙහෙම කල්පනා කර කර යනකොට පාර අයිනේ ගිනිගොඩක් තියෙනවා දැක්කා. දැකලා අර පාත්තරේ මුනින් අතට හරවලා දානෙ එක ගිනි ගොඩට දැම්මා.

## සිහිය උපදිනකොට ප්‍රමාද වැඩියි....

දැන් ඔන්න රහතන් වහන්සේ කුටියේ භාවනා කර කර ඉඳලා කල්පනා කරනවා 'මට කතා කළේ නැනේ තාම...' රහතන් වහන්සේ කුටියෙන් එළියට වැඩියා. කවුරුත් පේන්න නෑ. දැන ගත්තා එහෙනම් පන්සලේ හාමුදුරුවෝ තමන්ට නොකියාම දානෙට වැඩලා කියලා.

උන්වහන්සේ 'මම ඉන්නවාට අසතුටුයි වගේ...' කියලා හිතලා ඉර්ධියෙන් එතනින් වැඩියා. අර හාමුදුරුවෝ දානෙ එක ගිනි ගොඩට හලලා මුකුත් දන්නෙ නෑ වගේ පාඩුවේ පන්සලට ආවා. වඩිනකොට අර රහතන් වහන්සේ නෑ. එතකොටයි මේ හාමුදුරුවන්ට සිහිය උපන්නේ.

මේ සිද්ධියෙන් ඒ හාමුදුරුවෝ දැනගත්තා 'මේ වැඩියේ සාමාන්‍ය භික්ෂුවක් නෙමෙයි. මේ වැඩියේ රහතන් වහන්සේ නමක්. අනේ මගේ අතින් බලවත් අකුසලයක් වුනා...' කියලා පසුතැවෙන්න ගත්තා. ටික කාලයයි ගියේ, මේ හාමුදුරුවෝ ලෙඩ වෙලා අපවත් වුනා. බලන්න මේ ඉරිසියාව යන දුර. මරණින් මත්තේ නිරයේ ඉපදුනා. අවුරුදු ගාණක් පැවිදි වෙලා සිල් ආරක්ෂා කරගෙන විදර්ශනාව වඩාගෙන ස්කන්ධ ධාතු ආයතන අනිත්‍ය වශයෙන් මෙනෙහි කර කර හිටපු කෙනා මේ. බලන්න ඉරිසියාවට යට වෙලා අර සියල්ලම අහිමි කරගෙන නිරයේ උපන්නා.

## අකුසල් වල විපාක යන දුර....

ඊට පස්සේ නිරයෙන් අත් මිදිලා යක්ෂ ආත්මෙකට ආවා. යක්ෂ ආත්ම එකක් නෙවෙයි, පන්සීයක්. ඒ පන්සීයෙන් ආත්ම හාරසිය අනූනවයක්ම ඒ යකාට කන්න නෑ. ආත්ම හාරසිය අනූනවයක් ම බඩගින්නේ. එක ආත්මෙක විතරක් කාන්තාවකගේ දරු ගැබක් නරක් වෙලා ඒක අයින් කරපු වෙලාවේ ඒක තමයි බඩ පිරෙන්න කාලා තියෙන්නේ. ඊටපස්සේ ඒ යක්ෂ ආත්ම පන්සීය ඉවර වෙලා බලු ආත්මෙට ගියා. ආත්මභාව පන්සීයක්ම බල්ලෙක්. ඒකෙත් ආත්මභාව හාරසිය අනූනවයක්ම බඩගින්නේ. එක දවසක් මනුස්සයෙක් කාලා වැඩිවෙලා

අජීර්ණ වෙලා වමනේ දැම්මා. ඒ ආත්මේ බඩ පිරෙන්න වමනේ කෑවා.

ඊටපස්සේ ගෞතම බුදුරජාණන් වහන්සේ පහළ වුන කාලේ ඔන්න මනුස්ස ලෝකෙට ආවා. මනුස්ස ලෝකේ උපන්නේ කොහේද? මාළු අල්ලන පවුලක. මව්කුසේ පිළිසිඳ ගත්තු දවසේ ඉඳන් ඒ මුළු ගමේම මිනිස්සුන්ට කන්න නෑ. ඒ ගමේ පවුල් දාහක් ඉන්නවා. පවුල් දාහටම කන්න නෑ. දිගින් දිගටම කරදර එනකොට මිනිස්සු බැලුවා මොකෙක් හරි කාලකණ්ණියෙක් අපේ රැ හේට ඇවිල්ලා. මුළු ගමම පවුල් පන්සීය පන්සීය කොටස් දෙකකට බෙදුනා. බෙදුනට පස්සේ අර ළමයා පිළිසිඳ ගත්තු අම්මා ඉන්න කාණ්ඩෙට කන්න බොන්න නෑ. අනිත් කාණ්ඩේ බේරුනා.

## ගමේ මිනිස්සු ගහලා එලෙව්වා....

ආයෙ දෙසිය පනහ දෙසිය පනහ කොටස් දෙකකට බෙදුනා. ඔය විදිහට බෙද බෙද යනකොට මේ පවුල අහුවුනා. අහුවුනාට පස්සේ ගහලා එලෙව්වා තොපි පලයව් මෙහෙන්... කාලකණ්ණියෙක් උඹේ බඩට ඇවිල්ලා... කියලා. අම්මා තාත්තත් එලෙව්වා උඹලා පලයල්ලා යන්න අපට නම් බෑ කියලා. එතකොට මේ අම්මා තමන්ගේ ස්වාමියත් එක්ක පාරට බැස්සා. ටික දවසකින් මිනිහත් ගියා දාලා. මේ අම්මා තනි වුනා. ඔන්න ළමයා උපන්නා. ඉතින් මේ අම්මා යාන්තම් බොහෝම අමාරුවෙන් අවුරුදු කීපයක් යනකම් මේ දරුවව හදාවඩා ගත්තා.

මොකද පින් බලය තියෙනවා. ඒ අන්තිම ආත්මේ. ඒ ආත්මෙ නිවන් අවබෝධ කරනවා. කාශ්‍යප බුද්ධ කාළේ

දියුණු කරපු විදර්ශනාව මේ ආත්මේ විපාක දෙනවා. ඒ නිසා කාටවත් මොකුත් කරන්න බෑ. නැත්නම් මේ වෙනකොට මැරිලා. ඊටපස්සේ මොකද වුනේ මේ ළමයා යන්තම් ලොකු වුනාම, අවුරුදු හත වගේ වෙනකොට පොල් කට්ටක් අතට දීලා කිව්වා 'පුතේ... දැන් ඉතින් උඹ තනියම ජීවත් වෙයන්...' කියලා. දැන් අම්මෙක් නෑ. කඩපිල් ගානේ අගුපිල් ගානේ බුදියගෙන ඉන්නවා. මිනිස්සු ගල් ගහලා එලවනවා. කුණු බක්කි අවුස්ස අවුස්ස කකා දැන් ජීවත් වෙනවා.

## සාරිපුත්තයන් වහන්සේගේ මහා කරුණාව....

දවසක් සාරිපුත්ත මහරහතන් වහන්සේ දැකලා මේ ළමයා හිනාවේගෙන ආවා සාරිපුත්ත මහරහතන් වහන්සේ ළඟට. ඇවිල්ලා වැන්දා. සාරිපුත්ත මහරහතන් වහන්සේ අහනවා 'පුතේ ඔයා කොහේද?' 'අනේ දන්නේ නෑ ස්වාමීන් වහන්ස' 'ඔයාගේ අම්මා තාත්තා කොහේද?' 'අම්මා මාව දාලා ගියා' 'පුතේ ඔයා කැමතිද මහණ වෙන්න?' 'අනේ ස්වාමීනි, මාව මහණ කරයිද...?' 'මට පුළුවන් මහණ කරන්න' කිව්වා. ඉතින් කැමති වුනා. එහෙනං යං කියලා එක්කන් ගියා. හරී පුදුමයි ධර්ම සේනාධිපති සාරිපුත්තයන් වහන්සේගේ මහා කරුණාව.

ඉතින් සාරිපුත්තයන් වහන්සේ තමයි අවුරුදු ගණනාවකට පස්සේ එදා ඒ කොළවාව අතින් කුණු අතුල්ලලා නාවලා තියෙන්නේ. නාවලා කන්න ටිකක් දීලා තියෙනවා. එදත් ගොඩක් කන්න හම්බ වෙලා නෑ. ටිකක් කාලා තියෙනවා. ඊටපස්සේ ඔන්න පැවිදි කළා. පැවිදි වෙලා සාරිපුත්ත මහරහතන් වහන්සේත් එක්ක

පිණ්ඩපාතේ වඩින දවසට සාරිපුත්තයන් වහන්සේටත් දානේ නෑ. හැබැයි මෙයා බඩගින්නේ වුනත් බණ භාවනා කිරීම දිගටම කරගෙන ගියා. ඇයි පෙර ආත්මේ විදර්ශනාව වඩපු පුරුද්ද තියෙනවානේ. ටිකෙන් ටික පුරුදු කරගෙන යනකොට රහත් වුනා.

## හාමුදුරුවන්ට නම් හැමදෑම හම්බ වෙනවනේ....

දවසක් සාරිපුත්ත මහරහතන් වහන්සේ දැක්කා මුන්වහන්සේ එදා පිරිනිවන් පාන බව. සාරිපුත්ත මහරහතන් වහන්සේ කල්පනා කළා 'අනේ මගේ ළඟ පැවිදි වුනත් තාම බඩගින්නට හරි හමන් බත් වේලක් නෑනේ...' කියලා. ඊටපස්සේ සාරිපුත්ත මහරහතන් වහන්සේ මෙයාට කිව්වා 'ලෝසක... ඔබ අද පිණ්ඩපාතේ වඩින්න එපා... මම ගිහිල්ලා පිණ්ඩපාතේ කරගෙන එන්නම්...' කිව්වා. කියලා සාරිපුත්ත මහරහතන් වහන්සේ පිඬුසිඟා වැඩියා. දානේ හම්බ් වුනා. උන්වහන්සේ වැළඳුවා. ආයෙමත් පිඬුසිඟා වැඩියා. තව දානේ එකක් හම්බ වුනා. ඒ දානේ එක ළමයෙක් අතේ එව්වා ඉක්මණට මේක අසවල් ස්වාමීන් වහන්සේට ගෙනිහින් දෙන්න කියලා.

ඒ ළමයා අර දානෙ එක අරන් එන ගමන් මගදී කල්පනා කළා 'අනේ මේ උන්නාන්සේලාට හැමදෑම හොඳට හම්බ වෙනවානේ... අද මං මේක කනවා...' කියලා ඒ දානෙ එක කෑවා. සාරිපුත්ත මහරහතන් වහන්සේ ආපහු වැඩලා ඇහුවා 'ලෝසක දානේ වැළඳුවාද..?' කියලා. 'ස්වාමීනි, හම්බ වුනොත් ඉතින් වළඳන්න පුළුවනි' කිව්වා. වෙලාව බැලුවාම වෙලාව පහුවෙලා. සාරිපුත්ත මහරහතන් වහන්සේ වෙන මොනවා හරි

ලැබෙන දෙයක් දෙන්න ඕන කියලා ඉක්මනින්ම වැඩියා කොසොල් රජ්ජුරුවන්ගේ මාළිගාවට.

## අතට දුන්නේ නෑ....

කොසොල් රජ්ජුරුවෝ 'ස්වාමීනි, වඩින්න වඩින්න...' කියලා චතුමධුර එකක් පාත්තරේට පුරවලා දුන්නා. සාරිපුත්තයන් වහන්සේ මේ චතුමධුර පාත්තරේ අරගෙන වැඩියා. වැඩලා ලෝසකට කිව්වා 'ලෝසක... හොඳ චතුමධුර එකක් හම්බවුනා. මේක වළඳන්න' කිව්වා. 'එහෙමයි ස්වාමීනි' කියලා අත් දෙක දික් කළා. 'නෑ... ඔබේ අතට දෙන්නේ නෑ. ඔබේ අතට දුන්නොත් මේක නැතුව යයි. ඔබ වාඩිවෙන්න ඔහොම. මම අල්ලන් ඉන්නම්. ඔබ අත දාලා වළඳන්න...' කිව්වා. එදා තමයි හොඳට බඩ පිරෙන්න වැළඳූ දවස.

සාරිපුත්ත මහරහතන් වහන්සේ උපකාර කරපු නිසාත් තමන් සංසාරේ විදර්ශනා ප්‍රඥාව දියුණු කරපු නිසාත් ඒ ජීවිතේ බේරෙන්න පුළුවන් වුනා. නමුත් අර ඉරිසියාව විසින් ආත්මභාව කීයක් නම් තමන්ට මොනතරම් දුකක් දුන්නද. එදා ඒ ආගන්තුක භික්ෂූන් වහන්සේට ලැබිච්ච සැලකීම ගැන අර භික්ෂුව සන්තෝෂයට පත් වුනා නම් 'අනේ හොඳ භික්ෂූන් වහන්සේ නමක් නේ මේ' කියලා උපස්ථාන කළා නම් සුවසේ යන්න තිබිච්ච ගමනක් නේද..! ඒ වගේ ඉරිසියාව නිසා ඔබට වැරදුනොත් කවුරුත්ම නෑ ඔබව බේරගන්න.

## අනුන්ගේ දියුණුව දැක සතුටු වෙන්න....

අද මනුෂ්‍යයා අතර බහුලවම තියෙන්නේ ඉරිසියාව නේද? අනුන්ගේ ලාභයට, අනුන්ගේ සත්කාරයට,

අනුන්ගේ කීර්තියට, අනුන්ගේ ප්‍රශංසාවට ගරහනවා, අපහාස කරනවා, ඒවා වළක්වනවා. නොයේක් දේවල් කරනවා. මොනතරම් පව් කන්දරාවක් රැස්වෙනවා ඇත්ද! මොකක්ද ඒකේ විපාකය? උපනුපන් ආත්මවල අල්පේශාක්‍ය (කිසි පිළිගැනීමක් නැති) කෙනෙක් වෙනවා. ඊළඟට බුදුරජාණන් වහන්සේ වදාළා "මාණවකය, ස්ත්‍රියක් හෝ පුරුෂයෙක් ඉන්නවා **අනිස්සාමනකෝ** ඉරිසියාව නැති සිතින්.

එයා **පරලාභසක්කාරගරුකාරමානනවන්දනපූජනාසු න ඉස්සති.** අනුන්ට ලැබෙන ලාභ සත්කාර, කීර්ති ප්‍රශංසා, ගරු බුහුමන්, පුද පූජා දැකලා සතුටු වෙනවා. 'අනේ කොච්චර දෙයක්ද...! මේ මිනිස්සු සතුටින් ඉන්නවා. ලස්සනට ගෙයක් දොරක් හදාගෙන ඉන්නවා. අනේ හොඳයි මේගොල්ලෝ වාහනයකුත් අරගෙන. අනේ ඒ ළමයි ටික හොඳට ඉගෙන ගන්නවා. ඒ පවුල හරි ෂෝක්... ඒගොල්ලෝ දැන් ගොඩාක් දියුණුයි. ගොඩාක් ප්‍රසිද්ධයි. මිනිස්සු පෝලිමේ එනවා මුණ ගැහෙන්න... කොච්චර දෙයක්ද..!' මෙහෙම කල්පනා කරනවා නම් ඒ මොකක්ද? ඉරිසියාව නැතිකම (මුදිතාව).

## මහේශාක්‍ය වීමේ ප්‍රතිපදාව....

ඔන්න අපි කියමු එයා යනවා භාවනා කරන්න. නමුත් එයාට සමාධියක් ඇතිකර ගන්න බෑ. හැබැයි එයා දකිනවා වෙන කෙනෙක් සමාධිය ඇතිකරගෙන ඉන්නවා. එයා කල්පනා කරනවා 'අනේ මට නම් තාම සමාධියක් උපද්දවාගන්න බැරිවුනා. දැන් අරයා බොහොම හොඳයි. පංච නීවරණත් යටපත් කරගෙන වාසය කරනවා.

කොච්චර හොඳයිද...!' ඒ විදිහට තමන්ට ලබාගන්න බැරිදේවල් අනිත් අය ලබනවා දකලා සතුටු වෙනවා. එහෙම අය මරණින් මත්තේ සුගතියේ උපදිනවා. යම් හෙයකින් සුගතියේ නොගොස් නැවත මනුස්ස ලෝකේ උපන්නොත් යම් යම් තැනක උපදිනවද, **මහේසක්ඛෝ හෝති** මහේශාක්‍ය කෙනෙක් වෙනවා.

මහේශාක්‍යයි කියන්නේ සම්භාවනීයයි. එයාට කවුරුත් ගරු කරනවා. සලකනවා. පිරිවර ඉන්නවා. යමක් පහසුවෙන් කරන්න පුලුවන්. ඒ ඔක්කොම ලැබෙන්නේ මොකක් නිසාද? ඉරිසියා නොකිරීම නිසා. ඊළඟට තියෙනවා "**ඉධ මාණව ඒකච්චෝ ඉත්ථී වා පුරිසෝ වා** මාණවකය, ස්ත්‍රියක් හෝ පුරුෂයෙක් ඉන්නවා **න දාතා හෝති** දෙන්නේ නෑ. ගස්වල ගෙඩි කුණුවෙවී වැටෙනවා. ඒත් දෙන්නේ නෑ. **සමණස්ස වා බ්‍රාහ්මණස්ස වා අන්නං පානං වත්ථං යානං මාලාගන්ධවිලේපනං සෙය්‍යාවසථපදීපෙය්‍යං.** ශ්‍රමණබ්‍රාහ්මණයන්ට ආහාරපාන, වස්ත්‍ර, යාන, මල්සුවඳ විලවුන්, ඇඳපුටු, නිවාස, ප්‍රදීපෝපකරණ ආදිය දන් දෙන්නේ නෑ.

## දුප්පත් වීමට හේතුව....

සමහර අය තමන් දෙන්නෙත් නෑ. දෙන අයටත් බණිනවා මුන්ට පිස්සු කියලා. එහෙම අයත් ඉන්නවා. එහෙම අනුන්ට කිසිවක් නොදෙන අය මරණින් මතු නිරයේ උපදිනවා. බැරිවෙලාවත් මනුස්ස ලෝකෙට ආවොත් **අප්පභෝගෝ හෝති.** දිළින්දෙක් වෙනවා. බොහෝම අමාරුවෙන් ගෙයක් දොරක් හදාගත්තේ. බොහෝම කලාතුරකින් රහට කෑමක් කන්න ලැබෙන්නේ. බොහෝම කලාතුරකින් හොඳ ඇඳුමක්

අඳින්න ලැබෙන්නේ. යාන්තම් මොනවාහරි තම්බගෙන කාලා, යාන්තම් රස්සාවක් කරගෙන එහෙම ජීවත් වෙන අය නැද්ද? ඉන්නවා.

ඊටපස්සේ මොකද කරන්නේ? බොහොම දුකසේ ජීවත් වෙන ගමන් තියෙන මිනිස්සු දිහා බල බල ආයෙමත් ඉරිසියා කරනවා. හොරකම් කරන්න පෙළඹෙනවා. සතුන් මරන්න පෙළඹෙනවා. ආයෙ සිල් පද කඩා ගන්නවා. එහෙම කරලා ආයෙමත් නරකයේ යනවා. මේ විදිහට මිනිස්සු දිගින් දිගටම අමාරුවේ වැටෙනවා. ඊළඟට බුදුරජාණන් වහන්සේ පෙන්වා දෙනවා "තරුණය, ස්ත්‍රියක් හෝ පුරුෂයෙක් ඉන්නවා දන් දෙනවා. නිතර දානය පුරුදු කරනවා. ශ්‍රමණයන්ට බ්‍රාහ්මණයන්ට ආහාර පාන, වස්ත්‍ර, යාන, මල් ගඳ විලවුන්, ආදිය පූජා කරනවා.

## පොහොසත් වීමේ ප්‍රතිපදාව....

නැතිබැරි අසරණ අයට ගොඩාක් උදව් උපකාර කරනවා. එබඳු අය මරණින් මත්තේ දෙවියන් අතර උපදිනවා. යම් හෙයකින් මනුස්ස ලෝකෙට ආවොත් ධනවත් පවුල්වල උපදිනවා. හැමදේම පහසුවෙන් ලැබෙන තැනක උපදිනවා. ඊටපස්සේ රාජ කුමාරයෙක් වගේ එයා වාසය කරනවා. දැන් බලන්න දීම කියන එක පුරුදුවීමේ වටිනාකම. මේ පාර ගංවතුර ආපු වෙලාවේ අපේ කඩුවෙල, මාලබේ අසපු දෙකෙන් සෑහෙන්න අසරණ වෙච්ච මිනිස්සුන්ට ආධාර උපකාර කළා. කඩුවෙල අසපුවත් සම්පූර්ණයෙන්ම ගංවතුරට යට වෙලා තියෙද්දිත් අපේ ස්වාමීන් වහන්සේලා ගොඩාක් මහන්සි වෙලා මිනිස්සුන්ට පිහිට වුනා.

නොනවත්වා මිනිස්සු කෑම උය උය පාර්සල් හද හද යැව්වා. ඒ යට වෙලා තිබුණ දවස් ටිකේ කෑම පාර්සල් විතරක් හැටදාහකටත් වඩා දීලා තියෙනවා. මාලබෙන් විතරක් ලක්ෂ තුන්සිය හැටදෙකක වියළි ආහාර, බඩුමුට්ටු දීලා තියෙනවා. ලක්ෂ විසිපහක මදුරුදැල් දීලා තියෙනවා. මමත් මදුරු දැල් හාරසීයක් පූජා කළා. ඊළඟට ඒ ප්‍රදේශයේ ඉන්න ගැබිණි මාතාවන් එකතු කරලා ඒගොල්ලන්ට අවශ්‍ය කරන දේවල් ඔක්කොම දුන්නා. ඉස්කෝලේ යන ළමයින්ට අවශ්‍ය දේවල් ඔක්කොම දුන්නා.

## නීච කුලේ උපදින්න හේතුව....

ගිහි පැවිදි කතාවක් නෑ දෙන්න පුළුවන් එක්කෙනා දෙන්න ඕන. අපේ ස්වාමීන් වහන්සේලාත් ගොඩාක් මහන්සි වෙලා ආහාරපාන වලින් උපස්ථාන කළා. මෙහේ දන්සලට එකතු වෙච්ච බඩු මුට්ටු ඔක්කෝම අපි යැව්වා. මෙහේ තිබ්ච්ච අනිත් පිරිකරත් ඔක්කෝම යැව්වා. අනගාරිකා අසපුවේ තිබ්ච්ච පිරිකරත් ඔක්කෝම යැව්වා. ඊළඟට බුදුරජාණන් වහන්සේ දේශනා කරනවා "මානවකය, සමහරු ඉන්නවා **ථද්ධෝ හෝති** දැඩියි, උඩඟුයි. **අතිමානී** හිතට අරගෙන ඉන්නවා.

**අභිවාදේතබ්බං න අභිවාදේති** වැඳුම් පිදුම් කළයුතු අයට වැඳුම් පිදුම් කරන්නේ නෑ. **පච්චුට්ඨාතබ්බං න පච්චුට්ඨේති** දැක හුනස්නෙන් නැගිටිය යුතු අය දැක්කට පස්සේ හුනස්නෙන් නැගිටින්නේ නෑ. **ආසනාරහස්ස ආසනං න දේති** ආසනයක් ලබන්න සුදුසු කෙනාට ආසනය දෙන්නේ නෑ. **මග්ගාරහස්ස මග්ගං න දේති** මාර්ගයේ ඉඩ දිය යුතු කෙනාට මාර්ගයේ ඉඩ දෙන්නේ නෑ. මට මතකයි මං ඔය ඉස්සර එක ආරණ්‍යක ඉන්න

කාලේ දවසක් මම ඒ ආරණ්‍යයේ ඉඳලා ගමට යනවා. ඒ පාර බොහොම පටු පාරක්.

## ගරු කළයුත්තන්ට ගරු කරන්න....

එක වයසක අම්මා කෙනෙක් දර මිටියක් හරි තේ දළු ගෝනියක් හරි ඔළුවේ තියාගෙන ඉස්සරහින් එනවා. එන හැටියෙන් මට තේරුනා මේ අම්මා නම් අයින් වෙන්නේ නෑ. මම හිටියොත් හැප්පෙනවා දැන්. ඊට කලින් මම මොකද කළේ, පාරෙන් බැහැලා අයින් වුනා ඒ අම්මාට යන්න ඉඩ දීලා. ඒ අම්මා කිසි වගක් නැතුව ගියා. ඉතින් මම කල්පනා කළා හනේ මේ රටට ගිය කල... කියලා. තව මම බූන්දල පැත්තේ එක ආරණ්‍යයක හිටියා. එහේ ඊට වෙනස්. එහේ අපි උදේ පාන්දර පිණ්ඩපාතේ වඩිද්දී සයිකල් වල යන අය සයිකලෙන් බැහැලා නැවතිලා වැඳගෙන ඉන්නවා අපි යනකම්. අපි ගියාට පස්සේ තමයි සයිකලේට නගින්නේ. පැරණි ගම් ඒවා. මෝටර් සයිකලෙන් පවා බහිනවනේ. බැහැලා වැඳගෙන ඉන්නවා යනකම්. එහෙම ගම් තිබුනා.

**සක්කාතබ්බං න සක්කරෝති** සත්කාරයට සුදුසු එක්කෙනාට සත්කාර කරන්නේ නෑ. **ගරුකාතබ්බං න ගරුකරෝති** ගෞරව කරන්න ඕන එක්කෙනාට ගෞරව කරන්නේ නෑ. **මානේතබ්බං න මානේති** යටහත් පැවතුම් දක්වන්න ඕන කෙනාට යටහත් පැවතුම් දක්වන්නෙ නෑ. **පූජේතබ්බං න පූජේති** පිදිය යුතු එක්කෙනාව පුදන්නේ නෑ. එබඳු ආකාරයට ජීවිතය ගත කරපු එක්කෙනා මරණින් මත්තේ නිරයේ යනවා. යම් හෙයකින් නිරයෙන් බේරිලා මනුස්ස ලෝකෙට ආවොත් හීන කුලේ උපදිනවා. පහත් කියලා සම්මත කුලයක උපදිනවා.

## කුල භේදයෙන් පීඩා විඳින මිනිස්සු....

ලංකාවේ නම් එච්චර තදේට කුල භේදය නෑ. ඉන්දියාවේ නම් මහා තදේට තියෙනවා. ඔය රජගහනුවර තියෙනවා තපෝදා නදිය තිබ්ච්ච තැන උණුවතුර ළිං. ඒ උණුවතුර ළිඳෙන් උසස් කුලේ අයට විතරයි නාන්න දෙන්නේ. ඒක බමුණෝ අයිති කරගෙන. ඉතින් බමුණොයි, එක එක පළාත් වලින් ආපු අනිත් මිනිස්සුයි ඒකේ නාද්දි, රෙදි හෝදද්දි අර සබන් පෙණ, කුණු තට්ටු බැඳිච්ච අලුපාටට හුරු වතුරක් කාණුවකින් එළියට ඇවිල්ලා තව පොකුණකට වැටෙනවා. ඒකේ තමයි නීච කුලීන අය නාන්නේ.

ඒවා දකින්න ඕන ඇස්දෙකට කුලභේදය කියන එක පේන්න. ඒක දැකලා මගේ ඇඟ හිරිවැටිලා ගියා හප්පේ මෙහෙමත් මනුස්සයාගේ බෙදීමක් තියෙනවා නොවැ කියලා. ඒ මිනිස්සුන්ට ගානක් නෑ. චූටි ළමයිනුයි ලොකු මිනිස්සුයි ඔක්කොම අර ජරා වතුර තමයි නාන්නේ. රෙදි හෝදන්නෙත් ඒකෙන්. දැන් තමයි පොඩ්ඩක් වෙනස් වෙලා තියෙන්නේ. දැන් නම් ඉතින් හොඳට සල්ලි තියෙනවා නම් එච්චර ලොකුවට බලපාන්නේ නෑ. කෝච්චියක වුනත් ටිකට් එකක් අරගෙන හොඳට යන්න පුළුවන්. පිටරටක යනවා නම් කුලේ ගැන කතාවක් නෑ, සල්ලි තියෙනවා නම් හොඳ ටිකට් එකක් අරගෙන ප්ලේන් එකක බිස්නස් ක්ලාස් එකේ වුනත් යන්න පුළුවන්. නමුත් ගම් මට්ටමින් ඒක තියෙනවා.

## අපේ රටේ ඉතිහාසයේ කුලභේදය....

ලංකාවෙත් ඉස්සර ඔය කුල භේදය හරියට

තිබිලා තියෙනවා. ඔබ කියවලා තියෙනවාද නවකතාවක් බැද්දේගම කියලා? ලෙනාඩ් වුල්ෆ් කියලා එක්කෙනෙක් ලියාපු පොතේ සිංහල එක. ඒ ලෙනාඩ් වුල්ෆ් කියන කෙනා ඔය හම්බන්තොට පැත්තේ දිසාපති වගේ ඉඳලා තියෙනවා. ඒ කාලේ ඒ පළාතේ හිටපු නීචකුලේ අය උඩට හැට්ටයක් අඳින්ට අවසර ඉල්ලලා තියෙනවා. ගම්මුලාදෑනිලා කියලා තියෙනවා ඔවුන්ට හැට්ට දෙන්න එපා. ඔවුන්ට කැප නෑ කියලා. එතකොට මේ ලංකාවේ එහෙම යුග තිබිලා තියෙනවා.

නීච කුලේ ඉපදිලා හරියට දුක් විඳින මිනිස්සු ඉන්නවා. තව පොතක තිබුනා ලංකාවේ ඔය රාජ්‍ය බලය පිරිහිච්ච කාලේ රජ්ජුරුවන්ට නොයෙක් වර්ග දාපු බුලත්විට දෙනවා කන්ට. රජ්ජුරුවෝ බුලත් විට කාලා, කෙල ගහලා බුලත් හපේ විසිකරන්නේ නෑ. සේවකයෙන් ඇවිල්ලා රන් තැටියක් අල්ලනවා. රජ්ජුරුවෝ ඒ තැටියට බුලත් හපේ හලනවා. ඊට පස්සේ කට්ටිය ටික ටික ඒක කනවා. මේ ලංකාවේ සිද්ධ වෙච්ච දේවල්. ඕවායේ විස්තර තියනවා ඉතිහාස පොත්වල. එහෙම යුග පහුකරගෙන අපි මේ ඇවිල්ලා ඉන්නේ.

## සිහි නැති වෙනකම් ගැහුවා....

තව පොතක තිබුනා ඉන්දියාවේ ඉස්සර හීන කුලේ අය පාරේ යද්දි යන්න ඕන පිටිපස්සට ඉදලක් බැඳගෙන. එයා යන පාරේ අඩි සලකුණු අතුගෑවිලා මැකෙන්නයි ඒක කරන්නේ. මොකද හේතුව, කුලහීන කෙනෙක්ගේ අඩි සලකුණු උඩ කුලවන්ත කෙනෙක් අඩිය තිබ්බොත් ඒ කුලවන්තයා කිලුටු වෙනවා කියලා. එතකොට කොහොමද ඉන්දියාවේ ස්වභාවය. මොනතරම්

දරුණු විදිහටද තිබිලා තියෙන්නේ. ඔබ අහලා තියෙනවා නේද අම්බෙඩ්කාර් ගැන? අම්බෙඩ්කාර් ඉපදුනෙත් මහර් කියලා ගොඩාක් හීන කුලයක.

ඉතින් එතුමා පොඩි කාලේ දවසක් ඉස්කෝලේ ඇරිලා එද්දි හොඳටම පිපාසයි. ගමේ තියෙනවා මේගොල්ලෝ පූජනීයයි කියලා සලකන පොකුණක්. බල්ලෝ ගිහිල්ලා ඒ පොකුණේ වතුර බොනවා, බල්ලන්ට තහනම් නෑ. ගවයෝ ගිහිල්ලා වතුර බොනවා. ගවයන්ටත් තහනම් නෑ. එළුවෝ ගිහිල්ලා වතුර බොනවා. එළුවන්ටත් තහනම් නෑ. මේ ළමයත් ගිහිල්ලා ඒ පොකුණෙන් වතුර ටිකක් බිව්වා. අවාසනාව කියන්නේ බමුණෙක් මේක දැක්කා. පොකුණ කිලුටු කරා කියලා මේ පොඩි දරුවට සිහිනැති වෙනකම් පොලුවලින් ගැහැවා.

## උසස් කුලේ උපදින ප්‍රතිපදාව....

එතකොට බලන්න නීච කුලේ ඉපදිච්ච අය කොච්චර නම් මානසිකව විඳවනවද. මේ මොකේ විපාකද? ගරුකළ යුත්තන්ට ගරු නොකිරීම. සත්කාර සම්මාන කළ යුත්තන්ට සත්කාර සම්මාන නොකිරීම. ආසනයට සුදුසු කෙනාට ආසනයක් නොදීම. පාරේ ඉඩ දෙන්න ඕන කෙනාට පාරේ ඉඩ නොදීම. අධික මාන්නයකින් යුක්තව සිටීම. ඊළඟට බුදුරජාණන් වහන්සේ දේශනා කරනවා තව ස්ත්‍රියක් හෝ පුරුෂයෙක් ඉන්නවා **අත්ථද්ධෝ හෝති** මොළොක් **අනතිමානී** නිහතමානියි.

**අභිවාදේතබ්බං අභිවාදේති** වැඳුම් පිදුම් කළයුතු අයට වැඳුම් පිදුම් කරනවා. **පච්චුට්ඨාතබ්බං පච්චුට්ඨේති** දැක හුනස්නෙන් නැගිටිය යුතු අය දැක්කට පස්සේ

හුනස්නෙන් නැගිටිනවා. **ආසනාරහස්ස ආසනං දේති** ආසනයක් ලබන්න සුදුසු කෙනාට ආසනය දෙනවා. **මග්ගාරහස්ස මග්ගං දේති** මාර්ගයේ ඉඩ දිය යුතු කෙනාට මාර්ගයේ ඉඩ දෙනවා. **සක්කාතබ්බං සක්කරෝති** සත්කාරයට සුදුසු එක්කෙනාට සත්කාර කරනවා. **ගරුකාතබ්බං ගරුකරෝති** ගෞරව කරන්න ඕන එක්කෙනාට ගෞරව කරනවා. **මානේතබ්බං මානේති** යටහත් පැවතුම් දක්වන්න ඕන කෙනාට යටහත් පැවතුම් දක්වනවා. **පූජේතබ්බං න පූජේති** පිදිය යුතු එක්කෙනාව පුදනවා.

## බුදුරජාණන් වහන්සේ උපන්නේ ඉහළම කුලේ....

එයා මරණින් මත්තේ දෙවියන් අතර යනවා. යම් හෙයකින් ආයෙ මනුස්ස ලෝකෙට ආවොත් සම්භාවනීය කුලයක උපදිනවා. උසස් කුලයක උපදිනවා. දැන් බලන්න බුදුරජාණන් වහන්සේ උපන්නේ ශාක්‍ය වංශයේ. ඒ කාලේ ඊට වඩා ඉහළ වංශයක් නෑනේ. ඊළඟට මහා කස්සප මහරහතන් වහන්සේ ඉහළම බමුණු කුලේ උපන්නේ. සාරිපුත්ත මහරහතන් වහන්සේත් ඉහළම බමුණු කුලේ උපන්නේ. මොග්ගල්ලාන මහරහතන් වහන්සේත් ඉහළම බ්‍රාහ්මණ කුලයක උපන්නේ. මුල් කාලේ රහතන් වහන්සේලා ගොඩාක් ඉහළම වංශවත් පවුල් වල හිටපු අය. මොකද හේතුව, සංසාරේ නිහතමානීව ගරුකළ යුත්තන්ට ගරු කරලා.

මේකේ තේරුම මොකක්ද? **යාදිසං වපතේ බීජං තාදිසං හරතේ ඵලං** යම් ආකාරයකටද බීජ වපුරන්නේ ඒ විදිහට තමයි අස්වැන්නත් ලැබෙන්නේ. තමන් කරන දේ

තමයි තමන්ට ආයෙමත් ලැබෙන්නේ. තමන් අන් අයට සැලකුව විදිහට තමයි තමන්ට සැලකිලි ලැබෙන්නේ. ධර්මය නොතිබුනොත් උසස් කුලේ හිටපු අය ආයෙමත් නීච කුලයට යනවා. කුල මාන්නයෙන් ඉඳලා, වංසේ කබල් ගගා ඉඳලා, අන් අයට ගරහලා, අපහාස කරලා, හිංසා පීඩා කරලා ආයෙමත් නීච කුලයට වැටෙනවා.

## දුෂ්ප්‍රාඥ වීමට හේතුව....

ඊළඟට බුදුරජාණන් වහන්සේ මේ සුභ මාණවකට දේශනා කරනවා "මාණවකය, ස්ත්‍රියක් හෝ පුරුෂයෙක් හෝ ඉන්නවා **සමණං වා බ්‍රාහ්මණං වා උපසංකමිත්වා න පරිපුච්ඡිතා හෝති.** ශ්‍රමණයන් බ්‍රහ්මණයන් ළඟට ගිහිල්ලා විමසන්නේ නෑ. **කිං භන්තේ කුසලං** ස්වාමීනි කුසල් මොනවාද? **කිං අකුසලං** අකුසල් මොනවාද? **කිං සාවජ්ජං** වැරදි දේ මොනවාද? **කිං අනවජ්ජං** නිවැරදි දේ මොනවාද? **කිං සේවිතබ්බං** සේවනය කළ යුත්තේ මොකක්ද? **කිං න සේවිතබ්බං** සේවනය නොකළ යුත්තේ මොකක්ද? **කිං මේ කරීයමානං දීඝරත්තං අහිතාය දුක්ඛාය හෝති** මං මොකක් කරද්දිද මට බොහෝ කල් අහිත පිණිස දුක් පිණිස පවතින්නේ? **කිං වා පන මේ කරීයමානං දීඝරත්තං හිතාය සුඛාය හෝතීති.** මං මොකක් කළොත්ද මට බොහෝ කල් හිත සුව පිණිස පවතින්නේ? කියලා විමසන්නේ නෑ"

පාන්දරින් නැගිටිනවා. බත්මුලක් හදාගන්නවා. වැඩට යනවා. එතන ඉඳගෙන කට්ටියත් එක්ක හූ කිය කිය කතා කර කර විහිළු කර කර ඉඳලා හවස ගෙදර එනවා. එන ගමන් මගින් ආයෙ පාන් රාත්තලක් අරගන්නවා. ගිහිල්ලා ආයෙ මොනවහරි හදාගෙන කනවා. ඊටපස්සේ

ටීවී එකේ අර නාඩගං ටික බලනවා. බුදියගන්නවා. ආයෙ පහුවදා උදේ ඉඳන් ඒ පිළිවෙළමයි. නිවාඩු දවස් ආවාම ආයෙත් ඔය ටීවී එක දාගෙන ඉන්නවා. ගේ අතුපතු ගානවා. සුද්ද කරනවා. මල් හිටවනවා. විනෝදෙට කියලා ඔය කොහේ හරි රවුමක් යනවා වැන් එකක් අරගෙන. ගිහිල්ලා එහේ මෙහේ ඇවිදලා එනවා. ඔය ටික විතරයි.

## වටිනාම මාණික්‍යය අහිමියි....

කුසල් මොනවාද කියලා හොයන්නෙ නෑ. අකුසල් මොනවාද කියලා හොයන්නේ නෑ. වැරදි දේ මොනවාද කියලා හොයන්නේ නෑ. නිවැරදි දේ මොනවාද කියලා හොයන්නේ නෑ. කළයුතු දේ, නොකළයුතු දේ හොයන්නේ නෑ. එබඳු අය කය බිඳී මරණින් මතු නිරයේ උපදිනවා. ආපහු මනුස්ස ලෝකෙට ආවට පස්සේ මැටි ගොඩක්. මොළේ නෑ. **දුප්පඤ්ඤො හෝති** ප්‍රඥාවක් නෑ. මොනවා කිව්වත් තේරෙන්නේ නෑ. කරුණක් පැහැදිලි කරලා දෙන්න හදනකොට ඒක පටලවගෙන වෙනින් එකක් අල්ලගන්නවා. ඒගොල්ලන්ට අපි කියන්නේ මැටි උදවිය කියලා.

මනුස්ස ලෝකෙට ආවට පස්සේ ආයෙත් කරන්නේ අර පරණ පුරුදු දේවල් ටිකමයි. කුසල් මොනවද, අකුසල් මොනවද, හොඳ මොනවද, නරක මොනවද, කියලා හොයන්නේ නෑ. එහෙනම් ප්‍රඥාව ඇතිවෙන්න තියෙන ප්‍රධානම සුදුසුකම මොකක්ද? සත්‍යය සෙවීම. ප්‍රඥාව නැති වෙන්න හේතුව මොකක්ද? සත්‍යය නොසෙවීම. කුසල් අකුසල් නොවිමසීම, හොඳ නරක නොවිමසීම, ධර්මය නොවිමසීම. ඊළඟට දේශනා කරනවා තව කෙනෙක් ඉන්නවා එයා ශ්‍රමණ බ්‍රාහ්මණයන් සොයාගෙන යනවා.

## කුසල් ගවේෂණය....

ගිහිල්ලා අහනවා **කිං භන්තේ කුසලං** ස්වාමීනි, කුසල් යනු මොනවාද? අකුසල් යනු මොනවාද? වැරදි දේ යනු මොනවාද? නිවැරදි දේ යනු මොනවාද? සේවනය කළ යුතු දේ මොනවාද? සේවනය නොකළ යුතු දේ මොනවාද? ස්වාමීනි, මං බොහෝකල් දුකට පත් වුනොත් ඒ මොනවා කළොත්ද? මම බොහෝ කල් සැපසේ සිටියොත් ඒ මොනවා කළොත්ද? කියලා විමසනවා. විමසන්න විමසන්න නුවණ ඇතිවෙනවා. මනුස්ස ලෝකේ දැන් එන්න එන්න ම මේ කුසල් අකුසල් විමසන ගතිය නැති වෙවී යනවා.

මම දැක්කා එක ක්‍රීඩකයෙකුගෙන්ද මන්දා පත්තරේකින් අහලා තිබුනා ඔබ ආසා කරන දේවල් මොනවාද කියලා. එයා ආසා කරන දේවල් තුනයි තියෙන්නේ. එකක් තමයි එයාගේ කාර් එක. අනිත් එක තමයි කෑම. අනිත් එක තමයි එයාගේ ලැප්ටොප් එක. ඔච්චරයි. හොඳට කාලා බීලා, කැමති ගමනක් ගිහිල්ලා, ලැප් එකෙන් ඉන්ටර්නෙට් ගිහිල්ලා, ෆේස්බුක් ගිහිල්ලා බලාගෙන ඉන්න එක. ඕක නෙවෙයිද මෙහේ අනාගතේත්..? දැන් වුනත් සමහර ගෙවල් වලට ගියාම එක එක්කෙනා වෙනම කොම්පියුටරේ හරි ෆෝන් එක හරි අල්ලගෙන ඉන්නවා. අනාගතේ උපනුපන් ආත්මේ මැටිමෝල්ලු. කිසිම පිහිටක් පිළිසරණක් නෑ. පුදුම විදිහට ප්‍රඥාව හීන කරනවා.

## පොඩි කාලෙම විනාස වෙනවා....

අපිට හිතෙන්නේ ඉන්ටර්නෙට් ගියාම ලෝකේ නොයෙක් විස්තර දැන ගන්න පුළුවන් කියලනේ.

විස්තර තියෙනවා තමයි. නමුත් හිත යන්නේ වටිනා වැදගත් විස්තරත් එක්ක නෙවෙයි. තමන්ගේ හිතේ අකුසල් වින්දනය කරන්නේ යමකින්ද, එතන්ටයි හිත යන්නේ. සමහර පොඩි ළමයි කොම්පියුටර් ගේම් ගගහා සම්පූර්ණයෙන්ම පොඩිකාලෙම විනාස වෙවී යනවා. ඊටපස්සේ සොයනවා, බලනවා කියන එක විකාරයක් මිනිසුන්ට. 'මේ විකාර... මොනවද මේ බණ පොත් කියෝ කියෝ ඉන්නේ...' කියලා විකාරයක් හැටියට සලකනවා.

ප්‍රඥාව හීන වෙච්ච ගමන් මනුෂ්‍යයාගේ සම්පත්තිය එයාට අහිමියි. මොකක්ද මනුෂ්‍යයාගේ සම්පත්තිය? බුදුරජාණන් වහන්සේ වදාළේ **පඤ්ඤා නරානං රතනං** ප්‍රඥාව තමයි මනුෂ්‍යයාගේ සම්පත, මාණික්‍යය කියලා. ඒක නැතිව යනවා. පේන්නේ නැද්ද දැන් ලෝකේ හැදිලා තියෙන විදිහ. බුදුරජාණන් වහන්සේ පහළ වෙච්ච කාලේ මිනිස්සු මීට වඩා වෙනස්. තරුණයෝ, තරුණියෝ ගෙවල් දොරවල් අත්හැරලා **කිං කුසල ගවේසී, කිං සච්ච ගවේසී** සත්‍යය කුමක්ද? කුසල් කුමක්ද? කිය කිය හොය හොය යනවා. මොකක්ද ඒ? ප්‍රඥා පිපාසය, ඥාන පිපාසය.

## මේ අවස්ථාව මගහැර ගන්න එපා....

මේ අවස්ථාවේ බුදුරජාණන් වහන්සේගේ ධර්මය විමසන්න තියෙන අවස්ථාව අපි මගහැර ගන්න හොඳ නෑ. දැන් හිතන්න බුදුරජාණන් වහන්සේගේ ධර්මය තුළින් අපට මේ පටිච්ච සමුප්පාදය ඉගෙන ගන්න ලැබුනේ නැත්නම් අපට කිසි දවසක පටිච්චසමුප්පාදයේ අංග දොළහ නුවණින් විමසන්න තියා හීනෙකින්වත් තේරුම් ගන්න අවස්ථාවක් ලැබෙයිද? නෑ. පංච උපාදානස්කන්ධය කියන්නේ මේකයි, දුක කියන්නේ මේකයි, දුක හට ගන්න

හේතුව මේකයි, දුක්ඛ නිරෝධය කියන්නේ මේකයි, නිරෝධ ගාමිනි පටිපදාව කියන්නේ මේකයි කියලා අද අපිට යන්තම් හරි අහන්න ලැබෙනවනේ. එහෙම අහගෙන ටික ටික අපි ඒ ගැන නුවණින් විමසන්න මහන්සි ගන්නවා. නුවණ වැඩෙන්නේ එතනින් විතරයි.

ඒ ටිකත් අපි කතා නොකළා නම්, බණට ඇවිල්ලා කාට හරි ගරහලා, අපහාස කරලා, විහිළු කැලි ටිකක් කියලා ගියා නම්, ෂෝක් බණ ටික කියලා අපිත් යයි යන්න. ඔහොමනේ තිබුනේ. ප්‍රඥාව පේන තෙක් මානෙක තිබුනේ නෑ. මේ බුද්ධ දේශනාවල් ඉස්මතු කිරීමෙන් තමයි ප්‍රඥාව ගැන අපි කතා කරන්න පටන් ගත්තේ. කුසල් මේවා, අකුසල් මේවා, හොඳ මේවා, නරක මේවා, මේ මේ කර්ම කළොත් මේ මේ තැන උපදිනවා, මේ මේ කර්ම නොකර සිටීමෙන් මේ මේ ලෝක වලින් බේරෙනවා, මෙන්න මේ විදිහටයි පින රැස් වෙන්නේ, මේ විදිහටයි පින පවතින්නේ, පිනට හානි කරන්නේ මේවා කියලා මේ හැම එකක් ම වඩ වඩාත් තේරුම් සහිතව ඉගෙන ගන්න අපට අවස්ථාවක් ලැබුනේ නැද්ද? මේ ඔක්කෝම ප්‍රඥාවටයි උපකාර වෙන්නේ.

## නුවණින් විමසීම ප්‍රමාද කරන්න එපා....

අද උදේ අපි ඉගෙන ගත්තා ධාතු මනසිකාරය. ඒක අයිති වෙන්නේ ප්‍රඥාවට. **පඤ්ඤං නප්පමජ්ජෙය්‍ය** ප්‍රඥාව ප්‍රමාද නොකළ යුත්තේය කියන මාතෘකාව යටතේ තමයි බුදුරජාණන් වහන්සේ ඒක ඉගැන්නුවේ. ප්‍රඥාව ප්‍රමාද නොකළ යුතුයි කිව්වේ මොකක්ද? ස්කන්ධ, ධාතු, ආයතන වශයෙන් නුවණින් මෙනෙහි කිරීම ප්‍රමාද කරන්න එපා කියන එක. මේ විදිහට ප්‍රඥාව දියුණු

කරගෙන ගියොත් එයා මරණින් මත්තේ දෙවියන් අතරේ. යම් හෙයකින් මනුස්ස ලෝකෙට එයා ආවොත් යම් යම් තැනක උපදිනවද, **මහාපඤ්ඤෝ හෝති** මහා ප්‍රඥාවකින් යුක්ත වෙනවා.

මහා ප්‍රඥාවෙන් යුක්තයි කියන්නේ මෙයාට ඉවක් හිටිනවා. මොකද්ද ඒ ඉව? අපි කියමු මෙයාට ලොකු ධර්මයක් අහන්න හම්බ වෙන්නේ නෑ. නමුත් මෙයාට ඉවකින් තේරෙනවා මේක වැරදියි, මේක හරි, මේක නොකළ යුතුයි, මේක කළ යුතුයි කියලා අන්න ඉවෙන් එයා තෝරගන්නවා. ඒ ඉවෙන් තමයි එයා තේරුම් ගන්නේ මේ කාලා බීලා විනෝද වෙලා ඉන්නවට වඩා දෙයක් තිබිය යුතුයි මේ ජීවිතේ කියලා. ඊටපස්සේ හොයාගෙන යනවා. දැන් බලන්න හිතලා උපතිස්ස කෝලිත බ්‍රාහ්මණ තරුණයෝ දෙන්නා ගියානේ ගිරග්ග සමජ්ජ කියන කන්දක් මුදුනක තිබ්බ්ච උත්සවේට.

## ජීවිතේ මීට වඩා යමක් තියෙන්න ඕනෙ...!

අපි සාමාන්‍යයෙන් කියනවා නම් ගිරග්ග සමජ්ජ කියන්නේ කානිවල් එකක් වගේ. ගිහිල්ලා තමයි කතා වුනේ 'වැඩක් නෑ... මොකක්ද මේ... මීට වඩා හොඳයිනේ මේ ජීවිතයේ යථාර්ථය හොයාගෙන යන එක...' කියලා. අන්න දැක්කද ඉව. ඒ කියන්නේ ඒකෙන් සතුටු වෙන්නේ නෑ. මේක නෙමෙයි, මීට වඩා යමක් තියෙනවා. මීට වඩා යමක් මම හොයාගෙන යන්න ඕන කියන එක හිතට එනවා. ඒක වෙන්නේ සංසාරේ නුවණින් විමසීම පුරුදු කරපු එක්කෙනාට. නුවණින් විමසන්නේ නැති කෙනාට එහෙම එන්නේ නෑ.

එයා ඔහේ මඩ වගුරේ එරෙනවා වගේ තියෙන දුකේම බැහැගෙන ඉන්නවා. ඒකෙම එරීගෙන ඉන්නවා. ඒකෙන් මිදෙන්න ඕන කියන අදහස නෑ. ඒ අදහස තියෙන කෙනා තමයි ප්‍රඥාව තියෙන කෙනා. දැන් බලන්න යස කුල පුත්‍රයාත් එහෙමනේ ගියේ. බරණැස් නුවර සිටුවරයාගේ පුතා. යස කුලපුත්‍රයාටත් ඍතු තුනට වෙන වෙනම මාළිගා තුනක් තිබුනා. ඔක්කොම අතඇරලා ගියේ අර සංසාරේ පුරුදු කළ එකෙන්. පුරුද්දක් නැත්නම් යන්නේ නෑ.

## ප්‍රඥාවන්තයාගේත් දුෂ්ප්‍රාඥයාගේත් වෙනස....

බුද්ධ දේශනාවේ තියෙනවා රන් මිරිවැඩි සඟල පයේ දාගෙන, රන් තැටියේ ඇල්හාලේ බත් අනුභව කරමින් හිටපු ප්‍රඥාවන්ත කෙනාට, නුවණින් මෙනෙහි කරන්න පුළුවන් කෙනාට චතුරාර්ය සත්‍යය ධර්මය අහන්න ලැබෙනවා කියනවා. අහපු ගමන් පිළිගන්නවා අනේ මාත් මේකෙන් එතෙර වෙන්න ඕන කියලා. ඊටපස්සේ එයා දිව්‍ය අප්සරාව වැනි බිරිඳ අතහැරලා, මාළිගා අතහැරලා, පාංශුකූල වස්ත්‍රයක් පොරවගෙන, මැටි පාත්‍රයක් අතට අරගෙන, පිඬුසිඟා යැපෙමින් මහන්සි ගන්නවා අවබෝධ නොකළ චතුරාර්ය සත්‍යය අවබෝධ කරන්න.

ඒ වගේම බුදුරජාණන් වහන්සේ දේශනා කරනවා ප්‍රඥාව නැති කෙනෙක් ඉන්නවා. යකඩ තැටියේ යාන්තම් ඔය කෙනෙසි ආහාර තමයි අනුභව කරන්නේ. පුංචි පැල්පතක ඉන්නේ. ප්‍රේතියක් හා සමාන ගෑනියක් ඉන්නේ. ඒත් දාලා යන්න බෑ කියනවා. ඇයි හේතුව? හිතන්න

හැකියාවක් නෑ. ප්‍රඥාව නෑ. 'මං කොහොමෙයි මේවා දාලා යන්නේ... මෙයා නැතුව මම කොහොමද ජීවත් වෙන්නේ..?' කිය කිය කල්පනා කරනවා. ප්‍රඥාවන්තයා ඒ සියල්ල මැඩගෙන යනවා. එතකොට ප්‍රඥාව ඇතිවෙන ප්‍රතිපදාව තමයි නුවණින් විමසීම.

## කර්ම, කර්මඵල විග්‍රහය....

ඒ නුවණින් විමසීම ගිහියෙකුට තිබුනොත් ඒ ගිහියා ප්‍රඥාවන්ත ගිහියෙක්. ඒ නුවණින් විමසීම පැවිද්දෙකුට තිබුනොත් ඒ පැවිද්දා ප්‍රඥාවන්ත පැවිද්දෙක්. නුවණින් විමසීම යම් ගිහියෙකුට නැත්නම් ඒ ගිහියා මෝඩයෙක්. නුවණින් විමසීම යම් පැවිද්දෙකුට නැත්නම් ඒ පැවිද්දාත් මෝඩයෙක්. එයාගේ මෙලොව ජීවිතයත් අසාර්ථකයි. පරලොව ජීවිතයත් අසාර්ථකයි. ඔබේ දරුවන්ට ඔබ ආදරෙයි නම් ඔබ ඒ අයට දෙන්න ඕන මොන ප්‍රතිපදාවක්ද? ප්‍රඥාව වැඩෙන ප්‍රතිපදාවක්ද, තියෙන ප්‍රඥාවත් නැති වෙන ප්‍රතිපදාවක්ද? ප්‍රඥාව වැඩෙන ප්‍රතිපදාවක් දෙන්න ඕන.

ඊළඟට බුදුරජාණන් වහන්සේ සුභ මාණවකට දේශනා කරනවා "මාණවකය, අල්පායුෂ ලැබෙන ප්‍රතිපදාවක වාසය කළොත් අල්පායුෂ ලැබේවි. දීර්ඝායුෂ ලැබෙන ප්‍රතිපදාවක වාසය කළොත් දිගාසිරි ලැබේවි. බොහෝ ආබාධ ඇතිවෙන ප්‍රතිපදාවක වාසය කළොත් ලෙඩ දුකෙන් සිටීවි. අල්පාබාධ ඇතිවෙන ප්‍රතිපදාවක වාසය කළොත් නීරෝගීව ඉඳීවි. විරූපී වෙන ප්‍රතිපදාවක වාසය කළොත් විරූපී වේවි. ලස්සන වෙන ප්‍රතිපදාවක වාසය කළොත් ලස්සන වේවි. බාල්දු ජීවිතයක් ලැබෙන ප්‍රතිපදාවක වාසය කළොත් අනුන්ට බාල්දු වෙවී ඉඳීවි.

මහේශාක්‍ය ජීවිතයක් ලැබෙන ප්‍රතිපදාවක වාසය කළොත් මහේශාක්‍ය වේවි.

## මේ ඔක්කොම තියෙන්නේ තමාගේ කර්මය මතයි....

ඊළඟට දිළිඳු බවට හේතු වන ප්‍රතිපදාවක යෙදී වාසය කළොත් දිළින්දෙක් වේවි. ධනවත් වෙන ප්‍රතිපදාවක වාසය කළොත් භෝග සම්පත් ඇති තැනක උපදීවි. හීන කුලේ උපදින ප්‍රතිපදාවක වාසය කළොත් හීන කුලේ උපදීවි. උසස් කුලේ උපදින ප්‍රතිපදාවක වාසය කළොත් උසස් කුලේ උපදීවි. ප්‍රඥාව නොලැබෙන ප්‍රතිපදාවක වාසය කළොත් ප්‍රඥාව නොලැබේවි. ප්‍රඥාව ලැබෙන ප්‍රතිපදාවක වාසය කළොත් මහා ප්‍රඥාවන්තයෙක් වේවි" එතකොට මේ ඔක්කොම තියෙන්නේ කුමක් මතද? තම තමන්ගේ ක්‍රියාව මතයි. තම තමන් කරන දේ මතයි. තම තමන්ගේ කර්මය මතයි.

මේකේ තිබුනේ චේතනා පහල කරමින් කයින් කරන දේවල්. චේතනා පහල කරමින් වචනයෙන් කියන දේවල්. චේතනා පහල කරමින් සිතින් සිතන දේවල්. ඊටපස්සේ බුදුරජාණන් වහන්සේ මේ දේශනාවේ සමස්ත සාරය දේශනා කරනවා "**කම්මස්සකා මාණව සත්තා** තරුණය, සත්වයන්ට තමන්ගේ දේ හැටියට තියෙන්නේ තමන් සිත කය වචනයෙන් කරගන්න දේමයි.

## ප්‍රාර්ථනාවෙන් කිසි දෙයක් ලබන්න බෑ....

**කම්මදායාදා** තමන්ගේ දායාදය තම තමන් සිත කය වචනයෙන් කරගත්තු දේමයි. **කම්මයෝනි** ඊළඟ

ආත්මේ තමන් යන්නේ කොහේද කියන එක තීරණය කරන්නා තමන්ගේ කර්මයමයි. **කම්මබන්ධූ** තමන්ගේ නෑදෑයා තමන්ගේම කර්මයයි. **කම්මපටිසරණා** තමන්ගේ පිළිසරණ තමන්ගේම කර්මයයි. **කම්මං සත්තේ විභජති යදිදං හීනප්පණීතතායාති.** මේ උසස් පහත් ස්වභාවයන්ට සත්වයාව බෙදන්නේ කර්මයයි"

මේ බුද්ධ දේශනාවට අනුව අපට දීර්ඝායුෂ ප්‍රාර්ථනා කරලා ගන්න බෑ. නීරෝගිකම ප්‍රාර්ථනා කරලා ගන්න බෑ. උසස් කුලයක උපත ප්‍රාර්ථනා කරලා ගන්න බෑ. මහේශාක්‍ය බව ප්‍රාර්ථනා කරලා ගන්න බෑ. හැඩරුව ප්‍රාර්ථනා කරලා ගන්න බෑ. ධනවත්බව ප්‍රාර්ථනා කරලා ගන්න බෑ. ප්‍රඥාව ප්‍රාර්ථනා කරලා ගන්න බෑ. ඒ ඔක්කොම ඊට අදාළ වූ වැඩපිළිවෙලින් ලැබෙන දේවල්. මේ දේශනාව අවසන් වුනාට පස්සේ තෝදෙය්‍යපුත්‍ර සුභ මාණවකයා භාග්‍යවතුන් වහන්සේට මෙහෙම කිව්වා.

## මං මුළා වෙච්ච කෙනෙකුට හරි මග පෙන්නුවා වගේ....

"**අභික්කන්තං භෝ ගෝතම** භවත් ගෞතමයන් වහන්ස, හරී අගෙයි නොවැ. **අභික්කන්තං භෝ ගෝතම** භවත් ගෞතමයන් වහන්ස, හරී මනස්කාන්තයි නොවැ. **සෙය්‍යථාපි භෝ ගෝතම නික්කුජ්ජිතං වා උක්කුජ්ජෙය්‍ය** භවත් ගෞතමයන් වහන්ස, යටට හරවපු එකක් උඩට හැරෙව්වා වගේ. **පටිච්ඡන්නං වා විවරෙය්‍ය** වහලා තිබිච්ච එකක් ඇරලා පෙන්නුවා වගේ. **මූළ්හස්ස වා මග්ගං ආචික්ඛෙය්‍ය** මං මුළා වෙච්ච කෙනෙකුට හරි මාර්ගය පෙන්නුවා වගේ. **අන්ධකාරේ වා තේලපජ්ජෝතං ධාරෙය්‍ය චක්ඛුමන්තෝ රූපානි දක්ඛින්තීති** කරුවලේ

ඉන්න අයට ඇස් ඇත්තෝ රූප දකිත්වා කියලා පහනක් දල්වුවා වගේ.

**ඒවමේවං භෝතා ගෝතමේන අනේකපරියායේන ධම්මෝ පකාසිතෝ** ඒ විදිහට ම භවත් ගෞතමයන් වහන්සේ විසින් නොයෙක් ආකාරයෙන් ධර්මය වදාළා. **ඒසාහං භවන්තං ගෝතමං සරණං ගච්ඡාමි** මම භවත් ගෞතමයන් වහන්සේ සරණ යමි. **ධම්මං ච භික්ඛුසංඝං ච** ධර්මයත් භික්ෂුසංඝයාත් සරණ යමි. **උපාසකං මං භවං ගෝතමෝ ධාරේතු අජ්ජතග්ගේ පාණුපේතං සරණං ගතන්ති** භවත් ගෞතමයන් වහන්සේ අද පටන් පණ තියෙනකම් මම මේ සරණේ පිහිටපු උපාසකයෙක් හැටියට පිළිගන්නා සේක්වා" කිව්වා.

## බුද්ධ කාලෙත් කීප දෙනෙකුට මේ අවස්ථාව මගඇරුනා....

එතකොට බලන්න මේ සුභ මුලින්ම බුදුරජාණන් වහන්සේත් එක්ක ඇටෑක් එකට වගේ ලෑස්ති වුනාට මෙයාට මොළේ තියෙනවා. තාත්තාට කරන්න දෙයක් නෑ. තාත්තා මැටි. බේරෙන්න තිබිච්ච අවස්ථාවේ බේරුනේ නෑ. බුදුරජාණන් වහන්සේ වැඩහිටියා, ඇහුම්කන් දුන්නේ නෑ. ඒ ධර්මයට ඇහුම්කන් දුන්නේ නෑ. මොකද ඒ? පුරුද්ද නෑ. පුරුද්ද තිබුනා නම් මග හැරෙන්නේ නෑ. ඔය විදිහට අජාසත්තටත් ධර්මය අවබෝධ කරන්න තිබුන අවස්ථාව මගහැරුනා. මොකද හේතුව, අසත්පුරුෂ සේවනයෙන් කර්මාවරණයක් හදා ගත්තනේ තමන්ගේ පියා ඝාතනය කරලා. ඒකෙන් මගඇරුනා. ඊළඟට මහධන සිටුවරයායි සිටුදේවියයි දෙන්නාටත් මේ අවස්ථාව මගඇරුනා. ඒ

වගේ කීපදෙනෙකුට ම ධර්මය අවබෝධ කරන්න පින තියෙද්දි ඒ අවස්ථාව මගඇරුනා තමන්ගේ ම දුර්වලතා නිසා.

නමුත් මේ සුභ මාණවකයාට වාසනාව පෑදුනා. මේ විදිහට කරුණු පැහැදිලි කළාම ඕනෑම නුවණැත්තෙකුට තේරෙනවනේ මේක හරි, මේක මේ විදිහ තමයි කියලා. මේ චූළකම්ම විභංග සූත්‍රය හරියට තේරුම් ගත්තොත් සාමාන්‍යයෙන් මනුස්සයෙකුට වරදින් මිදිලා හොඳ යහපත්, සත්පුරුෂ, ගුණගරුක, ප්‍රඥාවන්ත මනුස්සයෙක් වශයෙන් වාසය කරන්න පුළුවන්. ඒ නිසා මේ කරුණු හොඳින් තේරුම් අරගෙන අපටත් යහපත් ක්‍රියාවන්ගෙන් යුක්ත වෙලා, සත්පුරුෂ ගුණධර්ම දියුණු කරගෙන, මේ ගෞතම බුද්ධ සාසනයේ චතුරාර්ය සත්‍යය අවබෝධ කරගන්ට වාසනාව ලැබේවා!

**සාදු! සාදු!! සාදු!!!**

# මහාමේඝ ප්‍රකාශන

www.ingramcontent.com/pod-product-compliance
Lightning Source LLC
Chambersburg PA
CBHW062114040426
42337CB00042B/2260
*9789556870879*